SAMMLUNG TUSCULUM

SPÄTANTIKE FABELN: AVIAN UND ROMULUS

Lateinisch-deutsch

Herausgegeben und übersetzt
von Niklas Holzberg

DE GRUYTER

ISBN 978-3-11-075705-7
e-ISBN (PDF) 978-3-11-075706-4

Library of Congress Control Number: 2021948071

Bibliografische Information der Deutschen Nationalbibliothek
Die Deutsche Nationalbibliothek verzeichnet diese Publikation in der Deutschen Nationalbibliografie; detaillierte bibliografische Daten sind im Internet über http://dnb.dnb.de abrufbar.

Für Einbandgestaltung verwendete Abbildungen:
Cologny (Genève), Fondation Martin Bodmer, Cod. Bodmer 52: 6v/7r
(www.e-codices.unifr.ch)

Satz im Verlag
Druck und Bindung: Beltz Bad Langensalza GmbH

♾ Gedruckt auf säurefreiem Papier
Printed in Germany

www.degruyter.com

FRATRI CARISSIMO

INHALT

EINFÜHRUNG

Die Textsorte Fabel, in der griechisch-römischen Antike zunächst keine literarische Gattung *sui generis* wie z. B. die Elegie, sondern narratives Exempel zur Verdeutlichung eines Gedankens in diversen poetischen und prosaischen Kontexten, erscheint erstmals in hellenistischer Zeit außerhalb eines solchen Rahmens: in einer Sammlung, die als Fabel-Repertorium Rhetoren und anderen Interessierten das rasche Auffinden des jeweils passenden ›Fallbeispiels‹ ermöglichte. Der Redaktor Demetrios von Phaleron (ca. 350–280 v. Chr.) gab dem Handbuch den Titel *Aisopeia*, führte also, wie allgemein üblich, die Textsorte auf den Fabelerzähler Äsop (griech. Aisopos) zurück, der, als historische Gestalt kaum greifbar, im 6. Jahrhundert v. Chr. gelebt haben soll. Dieses Repertorium, das nicht überliefert ist, regte vermutlich dazu an, dass in der frühen römischen Kaiserzeit eine Sammlung angeblich von Äsop verfasster griechischer Prosafabeln entstand, die nicht als Gebrauchstexte fungieren, sondern zur Unterhaltung und Erbauung gelesen sein wollten; sie heißt heute *Collectio Augustana*. Nunmehr wurde ein literarischer Anspruch erhoben, wenn auch noch auf relativ niedrigem formalem Niveau, da die kurzen Narrative, offenbar um ihre Herkunft aus dem 6. Jahrhundert v. Chr. zu fingieren, in einem denkbar schlichten Stil zu uns reden. Umso anspruchsvoller wirken daneben die beiden aus dem 1./2. bzw. 3. Jahrhundert n. Chr. auf uns gekommenen Versfabelsammlungen des Phaedrus und des Babrios, die ›Aisopeia‹ einer unbekannten Vorlage in jambische Senare bzw. Hinkjamben (*Mythiamboi*) umsetzen und durch intertextuelle Bezüge auf klassische Poesie sich dieser an die Seite stellen. Das hinderte Rezipienten der Spätantike freilich nicht daran, Fabeln der beiden Autoren durch Auflösung der Verse in Prosa wieder zu Gebrauchstexten zu machen, jetzt mit dem Zweck des Einsatzes im Schulunter-

richt. Im lateinischen Westen widerfuhr Phaedrus die Transformation in mehrere Varianten eines *Aesopus Latinus*, zu denen die hier vorgelegte Sammlung des Romulus gehört. Analog erging es den Versfabeln des Babrios im griechischen Osten, aber diesem Dichter wurde zudem im lateinischen Westen ein poetisches Fortleben beschert: in den 42 Versfabeln des Avianus, die in elegischen Distichen geschrieben sind und denen wir uns zuerst zuwenden.

Der wenig erforschte Unbekannte

Avianus, kurz Avian, hat seinen Fabeln eine Vorrede in Form eines Widmungsbriefs an einen Theodosius vorausgeschickt, aber ihr ist fast nichts über die Person des Dichters und seine Lebenszeit zu entnehmen. Immerhin lässt sich aus den Spracheigentümlichkeiten Avians, der Erwähnung des Babrios in der Dedikationsepistel und dem Namen des Adressaten die Datierung der Fabelsammlung in die erste Hälfte des 5. Jahrhunderts n. Chr. so gut wie sicher erschließen. Jenen Theodosius hat man sowohl mit dem zweiten Kaiser, der so hieß (401–450), als auch mit dem um 400 n. Chr. wirkenden Literaten und Neuplatoniker Macrobius Ambrosius Theodosius identifiziert, und für ihn sprechen die besseren Argumente. Heute vor allem bekannt als Kommentator des *Somnium Scipionis* (Scipios Traum) in Buch 6 von Ciceros *Staat*, schrieb er außerdem den sieben Bücher umfassenden fiktiven Dialog *Saturnalien*, den adelige Intellektuelle während des so benannten römischen Festes über Römertum und Latinität der als ideal empfundenen klassischen Epoche in besonderer Verehrung Vergils führen. Einer der Teilnehmer an dem literarischen Gespräch ist der hochrangige Politiker Q. Aurelius Symmachus, der zusammen mit seinen Freunden nicht nur die Neuausgabe von Autoren wie dem der *Aeneis* und dem Historiker Livius initiierte, sondern auch für eine kreative Auseinandersetzung mit der griechischen Literatur eintrat, von der man sich im

spätantiken Rom ansonsten nicht mehr so stark inspirieren ließ wie einst. Es sieht ganz danach aus, dass Avian sein Fabelbuch als einen Beitrag zu dieser Bildungsbewegung begriff. Er tritt in seiner Vorrede betont bescheiden gegenüber Macrobius als einem exzellenten Kenner im Bereich von Rhetorik und Dichtung auf, und dazu passt es, dass er sich als Textsorte die nicht zur hohen Poesie zu rechnende, aber als Gattung etablierte Fabel wählt und hier primär an einen Griechisch schreibenden Vorgänger anknüpft: Er bearbeitet in sehr freiem Umgang mit den Prätexten und »in kunstlosem Latein«, wie er überbescheiden formuliert, Fabeln des Babrios: für 35 seiner insgesamt 42 Texte kann man das nachweisen, für die übrigen sieben darf es angesichts der Tatsache, dass ihre Vorlagen sich in der fast ganz verlorenen zweiten Hälfte von Buch 2 der *Mythjamben* befunden haben können, als höchstwahrscheinlich gelten.

Vom Standpunkt der modernen Literaturwissenschaft aus ist es selbstverständlich, dass die Möglichkeit eines Vergleichs der Fabeln Avians mit denen des Babrios eine günstige Voraussetzung für die Interpretation der lateinischen Texte schafft. Nun hat man sich aber im gräzistisch-latinistischen Department dieser Disziplin bis in jüngere Zeit mit spätantiker nicht-christlicher Literatur wenig und speziell mit Fabeln inhaltlich fast gar nicht beschäftigt. Avian kam dabei besonders schlecht weg. Gewiss, an dem Namen Theodosius hat man eifrig herumgerätselt, also den von Altphilologen immer als sehr wichtig erachteten Versuch einer Rekonstruktion der Autor-Biographie unternommen; dabei spielte die Diskussion darüber, ob der Dichter sich Avian oder Avien schrieb, eine große Rolle, obwohl das doch bei einem Literaten, dessen Vita für uns gänzlich im Dunkeln liegt, ein Streit um des Kaisers Bart ist. Aber es existieren bisher nur zwei wissenschaftliche Arbeiten, deren Verfasser sich ernsthaft für Form und geistige Aussage der Texte interessieren und deren Erklärung wirklich fördern. Es handelt sich dabei um zwei Monographien; die eine, 1977 von Jochen Küppers publiziert, führt systematisch den Vergleich Avian/Babrios durch und dient als Basis für die

Darlegungen des folgenden Abschnitts, die zweite, Roberto Scanzos Analyse der Allusionstechnik des Fabelbuchs von 2005, werde ich anschließend auswerten. Es ist schon verblüffend, dass die aus gegenwärtiger Sicht als ergiebig zu betrachtende Avian-Forschung sich im Wesentlichen in nur vier Büchern artikuliert: in Robinson Ellis' Kommentar von 1887, der textkritischen Edition Antonio Guaglianones von 1958 und den zwei gerade genannten Monographien (s. S. 230ff.). Man möchte es eigentlich nicht glauben.

Fabulieren in Verspaaren und Antithesen

Das Verfahren Avians bei der Bearbeitung von Mythjamben lässt sich exemplarisch anhand des Vergleichs von Nr. 32 mit Babrios 20 charakterisieren; ich zitiere in Prosawiedergabe beide Texte und rücke beim lateinischen ausnahmsweise die ›Pentameter‹ ein:

Ein Ochsenknecht führte seinen Wagen aus einem Dorf.
Als der in eine tiefe Schlucht fiel,
stand er, obwohl er selbst hätte helfen müssen, untätig da,
flehte aber zu Herakles, den allein von allen
Göttern er wahrhaft anbetete und verehrte.
Der Gott trat heran und sagte: »Greif in die Räder
und stachle die Ochsen an. Aber flehe zu den Göttern nur,
wenn du auch selbst etwas tust, oder du flehst vergebens.«

Seinen in einem schlammigen Tümpel festhängenden Wagen und
die ans Joch, das sie aufhielt, gebundenen Rinder hatte ein Bauer stehen lassen,
vergeblich darauf bauend, die Götter würden, weil er ihnen seine Gebete an-[vertraute,
ihm in seiner Lage Hilfe bringen, während er untätig dasaß.
Zu ihm sprach der tirynthische Herrscher hoch oben von den Sternen –
denn er rief diesen Gott bittflehend zur Erfüllung seiner Gebete –:
»Also los, treibe deine sich abmühenden Jungstiere mit Stacheln an,
und lerne, mit deinen Händen die faulen Räder zu unterstützen.

Dann, wenn du es angepackt und gewagt hast, was über deine Kräfte geht,
ist es auch statthaft, die Himmlischen für deine Wünsche zu gewinnen.
Lerne aber, dass die Götter sich nicht den Gebeten der Faulen beugen,
und ziehe die Götter als Helfer heran, wenn du selbst handelst.«

Bei Babrios wird, womit man von der Gattungstradition her rechnet, in den acht Hinkjamben, die er für seine Geschichte benötigt, linear und spannend bis zur Pointe am Ende erzählt; in ihrer Kürze erinnert die griechische Fabel an ein Epigramm mit ›Erwartung‹ und ›Aufschluss‹. Dabei bewirkt im Originaltext das ›Abstoppen‹ der vorwärts drängenden Jamben durch den Trochäus im letzten Versfuß keineswegs eine Beeinträchtigung des Erzählflusses. Denn in V. 1–3 und 6–8 sind die Verse jeweils mit einem Satzglied identisch, so dass der Text übersichtlich strukturiert ist, und in der durch V. 4f. gebildeten Gedichtmitte schafft das Enjambement der reimenden Wörter *pántōn / theō̂n* (›aller Götter‹) eine enge Verbindung der beiden Verse. Die Worte des Herakles, welche die Fabel abschließen und ihre Lehre implizieren, artikulieren Handlungsanweisung und religiöses *fabula docet* so knapp wie möglich. Wir haben also eine rasche Abfolge von Informationen: Geschehensvoraussetzung (1) – Notsituation (2) – erste Reaktion des davon Betroffenen (3) – Bitte um Hilfe durch Herakles und Begründung der Wahl dieses Gottes (4f.) – dessen Auftreten und wörtliche Rede (6–8).

›Abgestoppt‹ wird dagegen bei Avian dadurch, dass das elegische Distichon von Haus aus eine in sich geschlossene Einheit darstellt; Friedrich Schillers bekannte ›Definition‹ eines solchen zeigt das deutlich:

Im Hexameter steigt des Springquells flüssige Säule,
im Pentameter drauf fällt sie melodisch herab.

Hier stehen die beiden Verse in Kontrast zueinander (*steigt / fällt*), und das ist auch bei Avian sehr häufig der Fall, ja ein wesentliches Element seiner Erzählweise; man nehme etwa die doppelte, durch

Chiasmus hervorgehobene Antithese am Ende von Fabel 38, wo der Seefisch zum Flussfisch sagt, was geschehen werde, wenn man sie beide im selben Netz fange (V. 11f.):

Dann wird mich ein sehr vornehmer Käufer für einen hohen Preis *erstehen,*
während dich für eine kleine Münze das niedere Volk *kaufen wird.«*

In unserem Textbeispiel kommt es mehrfach vor, dass innerhalb eines Distichons die Aussage des Pentameters die des Hexameters ergänzt und abrundet, so dass es als Verspaar überdeutlich wahrgenommen wird; gleich in 1f. haben wir ›festhängender Wagen‹ / ›stehengelassene Rinder‹. In V. 5f. wird ›Gott spricht‹ durch ›Begründung für Erscheinung des Gottes‹ komplementiert, und das bewirkt, dass im Gegensatz zu Babrios 20 keine lineare Erzählung vorliegt. Denn bei Avian folgt auf die Schilderung der Ausgangssituation in V. 1–4 sofort die der Epiphanie des Hercules in V. 5; die Voraussetzung dafür, das Gebet an den Gott, nennt der Erzähler nachträglich (V. 6). Der lateinische Text ist aber auch von vornherein nicht auf ein spannendes Narrativ mit Schlusspointe angelegt, da er sie früh vorwegnimmt: Schon in V. 2 erfahren wir, dass der Bauer *vergeblich* auf die Hilfe der Götter vertraut, was man bei Babrios erst am Ende erkennt. Avian rückt durch seine Darstellungsweise die aus der Fabel zu ziehende Lehre gegenüber dem Geschehensbericht in den Vordergrund. Und so werden aus zweieinhalb Hinkjamben Figurenrede bei Babrios (V. 6b–8) im lateinischen Text drei Distichen, die wiederum jeweils in sich geschlossene Verspaare sind: ›Handlungsdirektive Stiere / Räder‹ (7f.) – ›erst selbst handeln / dann beten‹ (9f.) – ›Gebet des Faulen vergeblich / Gebet des Handelnden sinnvoll‹ (11f.). In V. 7f. komplementiert der Pentameter den Hexameter, die übrigen Distichen bilden Antithesen, V. 9f. eine leichte, V. 11f. – hier der Text – eine doppelte:

Lerne aber, dass die Götter sich nicht *den Gebeten der* Faulen beugen,
und ziehe die Götter als Helfer *heran, wenn du selbst* handelst.«

Man darf fragen, was für eine Intention sich dahinter verbirgt, dass Avian seine Vorlage so stark verändert, indem er spannendes, lineares Fabulieren durch paarweise Anordnung der Informationen und Antithesen ersetzt. Eine Antwort auf diese Frage soll zu Anfang des übernächsten Abschnitts versucht werden.

Klassische Flicken in der Fabeltextur

Die ältere Latinistik, welche die antiken Texte subjektiv bewertete, statt sie literaturwissenschaftlich zu analysieren, und dabei nicht selten schlechte Noten vergab, erklärte Avian zu einem bestenfalls mittelmäßigen Dichter. Dieses Urteil stützte man sowohl auf die im letzten Abschnitt anhand eines Textbeispiels betrachtete Erzählweise, die man für unpoetisch hielt, als auch besonders auf die Tatsache, dass der Autor seine Fabeln mit Formulierungen, die er klassischen Dichtungen entnommen hat, geradezu übersät, vorrangig mit solchen Vergils. Eine primär quellenpositivistisch orientierte Philologie sah hier lediglich mangelnde Originalität und empfand es zudem als unpassend, dass Avian-Verse z. B. *Aeneis*-Verse evozieren, ohne dass, wie man meinte, ein inhaltlicher Bezug erkennbar sei. Nehmen wir wieder ein Beispiel! In Fabel 24, in der ein Jäger und ein Löwe darüber streiten, ob der Mensch dem Löwen oder der Löwe dem Menschen überlegen sei, plädiert der Jäger für das Erste mit dem Verweis auf die bildliche Darstellung des Sieges eines Mannes über einen Löwen. Der Kontrahent entgegnet ihm, Löwen würden, wenn sie künstlerisches Talent hätten, durch Abbildung von Menschen, die von Löwen überwunden werden, das Gegenteil demonstrieren. Seine Argumentation eröffnet er mit dem Satz (V. 11):

irrita te generis subiit fiducia vestri,
(Nichtiges Vertrauen auf eure Rasse beschleicht dich)

Das klingt offenkundig an V. 1,132 der *Aeneis* an:

tantane vos generis tenuit fiducia vestri?
(Hat euch so großes Vertrauen auf eure Rasse beherrscht?)

Bei Vergil beginnt mit diesen Worten Neptun seine Schelte der Winde Eurus und Zephyrus, die auf Anstiftung Junos und Befehl des Aeolus die Flotte des Aeneas mit einem gewaltigen Sturm in größte Not gebracht haben. Ist Avians verbaler Rekurs auf den Vers nun wirklich ›unpassend‹, etwa weil einem Fabeltier bei der Artikulation eines skurrilen Gedankens Worte eines erhabenen Gottes aus Roms Nationalepos in den Mund gelegt werden? Ich sehe hier ein geistreiches Spiel mit dem kulturellen Gedächtnis des Lesers, denn die bei Avian und Vergil erfolgende Kritik an zu großem Selbstvertrauen richtet sich im zweiten Falle gegen *venti* (›Winde‹), bei denen man die *fiducia,* wenn man will, als besonders *ventosa* betrachten kann. Denn dieses Adjektiv bedeutet außer ›windig, stürmisch‹ metaphorisch ›aufgeblasen‹, also ›eitel, prahlerisch‹, und als das empfindet der Löwe die *fiducia* des Menschen auf dessen Überlegenheit, wenn er sie als *irrita* bezeichnet. Ein Sinnzusammenhang besteht mithin sehr wohl, und natürlich ist es auch einfach komisch, wenn ein *leo in fabula* mit einer Figur aus einer berühmten Szene in einem Klassiker gleichgesetzt wird.

Hier haben wir es mit Intertextualität zu tun, wie wir sie raffinierter und amüsanter selbst bei Ovid nicht finden. Gewiss, es kommt durchaus vor, dass Avian ein Wort, eine Wortverbindung oder eine ganze Phrase nur wie einen ›Flicken‹ verwendet, ohne dabei eine signifikante literarische Assoziation herzustellen. Aber der Typus von Dichtung, die sich aus Zitaten konstituiert, der *Cento* (›Flickwerk‹) – wohl am bekanntesten ist derjenige einer Proba, die nicht lange vor der Entstehung von Avians Fabelsammlung Bibelepisoden in Vergil-Versen nacherzählt, – hat, wie neuere Untersuchungen zeigen konnten, einen eigenen Reiz als literarisches *game*. Avian dürfte es jedoch überwiegend darauf angelegt haben, dass die adeligen Intellektuellen um Macrobius und Symmachus, die in Vergils Dichtung das Höchste

an Verskunst erblickten und die *Bucolica*, *Georgica* und *Aeneis* größtenteils auswendig gekonnt haben müssen, seine Fabeltexte als Angebot zu einem Wiedererkennungsspiel begriffen und dieses mit größtem Vergnügen betrieben. Speziell dann, wenn Avian ihnen wie mit *Aeneis* 1,132 ein herausragendes Ereignis des mythischen Geschehens in die Erinnerung rief, werden sie sich angesprochen gefühlt haben. Sehen wir uns ein weiteres Beispiel an! In Avian 12,3 heißt es von dem Bauern, der einen Schatz in seinem Acker entdeckt:

mox indigna animo properante reliquit aratra.
(Gleich ließ er den seiner nun unwürdigen Pflug mit aufgeregtem Herzen stehen)

Während dieser Landmann sehr beglückt ist, erlebt sein ›Kollege‹ in einer der ergreifendsten Szenen des gesamten vergilischen Œuvres, *Georgica* 3,515–530, etwas, das ihn *tristis* (›traurig‹) macht: Er muss mit ansehen, wie einer der beiden Stiere, die gerade seinen Pflug ziehen, infolge einer Seuche plötzlich niederstürzt, blutigen Schaum spuckt und verendet. Darauf reagiert der Bauer damit, dass er den anderen Stier ausschirrt, und danach so (V. 519):

atque opere in medio defixa reliquit aratra.
(Und er ließ mitten in der Arbeit den Pflug, wie er da festsaß, stehen)

Zwar ist diese Anspielung keineswegs amüsant, aber da Fortuna in der zweiten Hälfte der Fabel zu dem Entdecker des Schatzes sagt, er werde, wenn man ihm das Gold stehle, *tristissimus* sein und sie weinend anflehen, darf man es als ›passende‹ Gemeinsamkeit der beiden Kontexte sehen, dass sie jähes Unheil thematisieren, die Fabel zumindest am Schluss.

Avian kann durch zwei eine Vergil-Stelle evozierende Wörter, die per se nicht ohne Weiteres verständlich sind, dem kundigen Leser einen Verständnishinweis geben, z. B. in V. 1 von Nr. 36:

Pulcher et intacta vitulus cervice resultans …
(Ein schönes und am Nacken unberührtes Kalb, das herumsprang …)

Nicht jedem dürfte ohne Weiteres klar sein, dass mit *intacta* nicht ›unberührt vom Joch‹, sondern ›unberührt vom Messer des Opferpriesters‹ gemeint ist – erst in V. 11f. wird explizit gesagt, dass das Kalb am Altar fällt –, aber wer *Georg.* 5,437ff. assoziiert, weiß gleich Bescheid; dort gibt Cyrene ihrem Sohn Aristaeus Instruktionen zur Opferung von acht Rindern und sagt dabei u. a. (V. 540):

delige et intacta totidem cervice iuvencas.
(Wähle ebenso viele Jungkühe mit unberührtem Hals)

Das kulturelle Gedächtnis hilft hier, eine ›Lücke‹ in einem Avian-Vers zu schließen, und für diese Art Denksport prägte der amerikanische Philologe Peter Bing den Begriff ›Ergänzungsspiel‹.

Vergil liefert dem Fabeldichter, wie gesagt, die meisten ›Flicken‹, aber von den Augusteern werden auch Horaz, Ovid. Tibull und Properz ›zitiert‹. Besonders hübsch finde ich die Bezugnahme auf Tibull 2,3,80 in Avian 5,14. In der Fabel ist gerade der Esel, der sich ein Löwenfell umgelegt hat, von einem Bauern aufgrund seiner langen Ohren entlarvt worden. In Avians Prätext, der Version des Babrios, schlägt der Mann das Grautier dann lediglich mit einem Holzstock (139,5), der römische Dichter dagegen schreibt:

correptum vinclis verberibusque domat.
(Er ergriff ihn und bändigte ihn mit Fesseln und Peitschenhieben)

In einem Aufsatz, der die Beschäftigung mit Avian wieder einmal allein historisch rechtfertigt, fühlt James Uden (S. 232) sich durch eine solche Art der Bestrafung an Folter erinnert, und er stellt einen Bezug zwischen diesen sowie anderen Formen brutaler Gewaltanwendung in den Fabeln und dem in seinen Augen extrem grausamem Umgang mit für schuldig befundenen Menschen in der Spätantike her. Abgesehen davon, dass die Römer schon vorher nicht zimperlich waren, darf im Falle von 5,14 nicht der Tibull-Vers 2,3,80 außer Betracht bleiben, den Avian meines Erachtens eindeutig evoziert; das elegische Ich sagt dort zu Delia, der er sich wie ein Sklave unterwirft:

non ego me vinclis verberibusque nego
(Ich verweigere mich nicht Fesseln und Peitschenhieben)

Hier wird man an die Folterung eines Sklaven denken, aber das sollte im Kontext nicht ernst genommen werden. Denn die bedingungslose Unterwerfung unter die Launen der Geliebten ist zwar ein Grundmotiv des elegischen Diskurses, aber von Haus aus eher symbolisch zu verstehen, und wenn Tibulls Sprecher es nun beim Wort nimmt, führt er es durch das Verkünden seiner Entschlossenheit zu einer ganzen Reihe von Sklavendiensten ad absurdum: Nachdem er Elegie 2,3 mit dem zitierten Vers beendet hat – die exponierte Stellung macht ihn sehr geeignet dafür, im Gedächtnis zu haften –, erklärt er sich in 2,4 nicht nur bereit, Geschenke durch Mord und Verbrechen zu beschaffen, Tempel zu berauben und den vom Großvater ererbten Wohnsitz zu verkaufen, sondern will sogar, wenn Nemesis ihn nur mit sanfter Miene anblicke, von ihr gemischtes Gift trinken. Avian hat das Spiel mit der Gattung, speziell die Selbstironie des Liebessklaven, offensichtlich verstanden, denn bei ihm ist es auch noch ein törichter Esel, der erleidet, was Tibulls elegisches Ich zu erleiden wünscht.

Außer mit den Inhalten von Prätexten spielt Avian, wie mein letztes *exemplum* für seine Art von Intertextualität zeigen soll, mit Klängen. Fabel 4 beginnt mit dem Distichon

Immitis Boreas placidusque ad sidera Phoebus
iurgia cum magno conseruere Iove ...
(Der wilde Boreas und der sanfte Phöbus begannen vor den Sternen und dem großen Jupiter mit ihnen ein Wortgefecht ...)

Die ungewöhnliche Formulierung *ad sidera*, die juristischen Sprachgebrauch wie *ad censores dicere* (›vor den Censoren reden‹) aufruft, bewirkt in Verbindung mit dem vorausgehenden *placidusque*, wie Scanzo beobachtet hat (s. S. 232), einen Anklang an Vergil, Ekloge 5,43:

Daphnis ego in silvis, hinc usque ad sidera notus …
(Daphnis bin ich in den Wäldern, von hier bis zu den Sternen bekannt)

Scanzo hat eine stattliche Sammlung von Avian-Versen vorgelegt, die ›Flicken‹ aufweisen, und anregende Gedanken zur Deutung geäußert. Aber viel bleibt da zu erforschen, und das gilt z. B. ebenso für die Struktur des Fabelbuches. Sowohl Phaedrus, den Avian im Widmungsbrief zusammen mit Babrios als Vorgänger nennt, als auch dieser haben ihre Fabeln in den einzelnen Büchern kunstvoll angeordnet, und es liegt nahe, dass der spätantike Fabeldichter ihnen darin auf seine Art folgte. Das hat man bisher kaum untersucht, weshalb ich mich mit zwei Hinweisen begnüge. Es fällt auf, dass der in anderen Fabelsammlungen sehr oft agierende Wolf bei Avian nur in der ersten und der letzten Fabel auftritt; das soll vielleicht einen Rahmen schaffen. Die erste Hälfte des Buches wird durch eine eigenwillige Bearbeitung der Fabel von der Haubenlerche beendet, die, von einer Notsituation zum Umzug in ein neues Heim gezwungen, erst nach dem dritten Warnzeichen mit ihren Nestlingen aufbricht. Wir sehen somit am Schluss von Nr. 21 eine Fabelfigur, die auf der Erde nistet, beim Verlassen der »geliebten Felder« und steigen gleich danach, in V. 1 der Fabel 22, mit der die zweite Buchhälfte beginnt, zu Jupiter auf. Sein Name eröffnet den Vers getreu der durch V. 1 von Arats *Phainomena* (›Himmelserscheinungen‹) verkündeten Devise *Lasst uns mit Zeus beginnen*, die u. a. Vergil und Ovid zitieren, ersterer mit den Worten *Ab Iove principium Musae* (›Mit Jupiter beginne das Lied‹). Während Beobachtungen solcher Art dazu ermuntern sollten, endlich Gegenstand einer umfassenden Strukturanalyse zu werden – nicht einmal die Vernetzung der Gedichte durch Verbalbezüge wie den von 5,15 *denudans* auf 4,6 *nudato* wurde bisher systematisch ausgewertet –, ist ein weiteres Thema der Forschung zu Avian bereits erschöpfend behandelt worden: die Rezeption seiner Fabeln im Mittelalter und der frühen Neuzeit. Dazu jetzt das Wichtigste.

Produktives Fortwirken eines Missverstandenen

Obwohl die Avian-Interpretation ganz am Anfang steht, lässt sich doch schon etwas über das Konzept des Fabeldichters sagen. Er positioniert sich in der Dedikationsepistel am Ende einer Reihe prominenter Fabulisten: Äsop, Sokrates, Horaz, Babrios und Phaedrus. Da er zu den beiden Letztgenannten ausdrücklich erwähnt, dass sie ihre Texte in Gedichtbüchern zusammengestellt haben, darf man folgern, dass er diese Tradition, mit der Phaedrus und Babrios an die Gedichtbuchkultur des Hellenismus, der augusteischen Epoche und der frühen Kaiserzeit anknüpften, weiterführen möchte. Die beiden Dichter gehen, wie jüngste Untersuchungen ergaben, teilweise sehr frei mit den vorgegebenen Fabelstoffen um, indem sie die überkommenen Inhalte oft spielerisch verfremden, ja sie teilweise dekonstruieren. Daher durften die Zeitgenossen von Avian, der sein Buch ja einem der großen Literaten seiner Gegenwart widmet, Ähnliches erwarten. Wenn er nun den linearen Erzählfluss, wie wir sahen, durch eine Struktur ersetzt, die, aus Verspaaren gebaut, von Antithesen lebt, die Pointe vorwegnimmt und so die Konzentration von vornherein auf das *fabula docet* lenkt, spricht er noch stärker als Phaedrus und Babrios einen reflektierenden Leser an. An einen solchen wendet er sich gleichfalls durch seine zahlreichen ›Zitate‹ klassischer römischer Autoren. Damit wird bei ihm die Fabel, die ursprünglich ihre implizite und explizite Lehre in sehr schlichter Diktion artikulierte, auf ein hohes literarisches Niveau gehoben. In den hellenistisch-frühkaiserzeitlichen Repertorien hatte eine Fabel sich einfach aus der Formulierung der narrativ zu exemplifizierenden Lehre im Promythium und einer knapp und meist in drei Teile gegliederten Fabelhandlung konstituiert. An eine solche war in der *Collectio Augustana* des 1./2. Jahrhunderts n. Chr. als Ersatz für das Promythium ein Epimythium angehängt. Und an beide Traditionen anknüpfend rahmte dann Romulus seine Fabeln überwiegend durch Pro- und Epimythium. Avian dagegen, der sich nicht an ein

solches Schema hielt, machte in Fortführung der Literarisierung des Genres durch Phaedrus und Babrios, die schon auf Schematismus verzichtet hatten, das Fabulieren zum Gegenstand eines geistig höchst anspruchsvollen Spiels mit neuen Regeln.

Betrachtet man nun zunächst die mittelalterliche Avian-Rezeption, muss man zuvor bedenken, dass bedeutende Philologen des 19. Jahrhunderts, unter ihnen Karl Lachmann (1793–1851), Avians spielerischen Umgang mit der Gattung nicht erfassten, deswegen starke Eingriffe in den Text vornahmen, den Dichter als mediokrer einstuften und somit die Latinisten des 20. Jahrhunderts bis auf sehr wenige unter ihnen von der Auseinandersetzung mit seinem Fabeldiskurs abschreckten. Angesichts dieser Tatsache ist es besonders erstaunlich, dass Avian sich im Mittelalter in ganz Europa größter Beliebtheit erfreute, ja dass er, wie Aaron Wright es ausdrückt (S. 232), »for over a thousand years one of the most-read authors of western Christendom« war. Zwar wurden auch seine Fabeln wie diejenigen des Phaedrus und Babrios in Prosa transformiert, aber anders als bei den beiden Vorgängern verdrängten diese Versionen das Original ebenso wenig wie mehrere Bearbeitungen in Versen mit dem Titel *Novus Avianus.* Das geht allein schon daraus hervor, dass bis heute über 160 Handschriften nachgewiesen werden konnten, deren älteste um 800 in St. Gallen geschrieben wurde. Es war primär der mittelalterliche Schulbetrieb, der die Avian-Lektüre begünstigte. Für Eleven, die bereits die Grundlagen des Lateinischen erlernt hatten, eignete sich der Text, weil er in elegischen Distichen gedichtet ist, zur Vertiefung der Sprachbeherrschung, also vor allem zum Erwerb der Sprechfähigkeit und dem Einüben des gebräuchlichsten Versmaßes. Das Metrum, das Avian vermutlich als Mittel zu einer geradezu revolutionären Neugestaltung der Textsorte bestimmt hatte, wurde aus rein formalen Gründen begrüßt. Hinzu kam, dass man die Antithesen innerhalb der Distichen als Basis für die rhetorische Ausbildung der Schüler empfand, und die Verse transportierten ja nicht zuletzt auch sitt-

liche Lehren. An diesen schätzte man, dass ihnen jede satirische Schärfe, jede Derbheit und Obszönität fehlt.

1476/77 erschien Avian erstmals im Druck: Heinrich Steinhöwels *Esopus*, der durch eine der drei Fassungen der Äsop-Vita und die vier Fabelbücher des Romulus eröffnet wird, enthält 27 von den 42 Fabeln mit den vom Herausgeber stammenden deutschen Übertragungen. Die Ausgabe wurde, wie im Zusammenhang mit der Romulus-Sammlung näher ausgeführt werden soll, zu einem herausragenden Bucherfolg, von dem auch Avian profitierte. So wählte der bedeutendste deutschsprachige Dichter des 16. Jahrhunderts, Hans Sachs (1494–1576), der einen großen Teil der von Steinhöwel edierten Texte in Meisterliedern und Spruchgedichten adaptierte, 17 Avian-Fabeln als Vorlage, und er begann die lange Reihe seiner *Esopus*-Bearbeitungen mit einer Meisterlied-Version der Nr. 13 vom 9. Mai 1528 (*Ein Fabel vom leben stier vnd pock*). Zwar standen Avians Texte damals im Schatten derjenigen des Romulus, weil diese Äsop zugeschrieben waren, aber der spätantike Dichter hatte Fabeln des bis 1842 verschollenen Babrios ›latinisiert‹ und damit solche, die bis auf wenige Ausnahmen keine Entsprechungen bei Romulus haben, und deswegen wurde auch er in der frühen Neuzeit immer wieder rezipiert; Jean de La Fontaine (1621–1695) z. B. adaptierte 14 Aviania. Doch die wissenschaftliche Beschäftigung mit dem Dichter, die 1731 Hendrik Cannegieter (1691–1770) mit seiner textkritischen Edition und der ihr angefügten Schrift *De aetate et stilo Flavii Aviani* (›Über das Zeitalter und den Stil des F. A.‹) initiierte, trug dann dazu bei, dass Avian innerhalb der Rezeption antiker Fabeln künftig eine zunehmend geringere Rolle spielte; denn die Latinistik bewertete, wie gesagt, die Fabelsammlung negativ. Der Romulus-Sammlung wurde ein vergleichbares Schicksal zuteil, aber ehe wir zu deren Nachleben kommen, betrachten wir die Texte und ihre höchst komplizierte Überlieferung.

Fabeln des Phaedrus, den Avian als einen seiner Vorgänger nennt, kannte die Welt nicht, als 1476/77 der *Esopus* Steinhöwels im Druck erschien und die reiche Fabelproduktion des 16. Jahrhunderts anregte. Erst 1596 publizierte Pierre Pithou (1539–1596) einen kurz zuvor entdeckten Kodex, der eine gekürzte Fassung der fünf Bücher präsentiert, und zu den insgesamt 94 darin zu lesenden Fabeln kamen 32 weitere hinzu (aus Buch 2–5?), die 1727 in einer handschriftlichen Fabelanthologie des Humanisten Niccolò Perotti (1429–1480) aufgespürt und 1808 erstmals gedruckt wurden (›Appendix Perottina‹). Immerhin inhaltlich vertraut war man mit den meisten der 126 Texte schon längst, da Phaedrus-Fabeln irgendwann zwischen 350 und 500 n. Chr. in Prosa-Bearbeitungen neu erzählt und eine der Sammlungen, die solche Adaptionen vereinte, im Mittelalter eifrig rezipiert worden war, bis sie durch Steinhöwels Edition in ganz Europa und auch außerhalb Verbreitung fand. Es handelt sich dabei um die von einem Anonymus, der sich Romulus nennt – zu ihm später mehr –, herausgegebene Buch-Tetralogie, die dreimal 20 und einmal 21 Fabeln enthält und die der jüngste Editor, Georg Thiele (1866–1917), da er sie in Gallien entstanden glaubt, als *recensio Gallicana* (r. g.) bezeichnet; das ist hier übernommen, weil der Text, den ich vorlege, auf Thieles Ausgabe von r. g. fußt. Diese Version tradieren, soweit ich sehe, außer Steinhöwels Druck neun Handschriften, deren älteste, der Codex Burneianus 59 der British Library (B), aus dem 10. Jahrhundert stammt. Die Kodizes weisen Unterschiede im Wortlaut auf, was u. a. damit zu erklären sein dürfte, dass im Altertum in fiktionale Prosa redaktionell immer wieder eingegriffen wurde. Das allein ist verwirrend, und es wird noch verwirrender dadurch, dass eine im Wortlaut z. T. nicht unerheblich von der *recensio Gallicana* abweichende, durch sechs Handschriften repräsentierte Version der Romulus existiert, die Thiele *recensio vetus* (r. v.) nennt. Die gemeinsame Vorlage, die, nicht überliefert, für beide *recensiones*

zu postulieren ist, dürfte wiederum auf eine verlorene Vorlage, den Archetyp aller spätantiken Prosafabeln-Sammlungen, zurückgehen. Der Versuch, ihn zu rekonstruieren, den Thiele in seiner Edition von 1910 unternahm – er nannte ihn *Aesopus Latinus* –, darf als gescheitert gelten, da der Gelehrte sich stark von seinem Wunschdenken beeinflussen ließ, das durch romantische Vorstellungen von der ›volkstümlichen‹ Diktion älterer Fabeln und der ›Naturwahrheit‹ ihres Geschehensberichts geprägt war.

Verwirrung stiftet nicht nur die textkritische Betrachtung der Romulus-Überlieferung, sondern erst recht der Blick auf weitere handschriftliche Zeugnisse der Transformation von Phaedrus-Fabeln in Prosa. Wer sich damit auseinandersetzt, gerät in einen kodikologischen Irrgarten. Über alle seine Pfade zu geleiten kann nicht die Aufgabe einer Einführung in eine Bilingue der Romulus-Sammlung in der *recensio Gallicana* sein, mit der wir es allein zu tun haben – die jüngste Abhandlung zur Überlieferung verfasste Giovanni Zago 2016 (S. 233) –, aber wenigstens das Wichtigste sei gesagt.

Neben der Tetralogie, die, wie noch näher gezeigt werden soll, nicht nur Phaedrus-Adaptionen enthält, ist mit dem im 10. Jahrhundert in Weißenburg im Elsass geschriebenen Codex Wissemburgensis (W; heute Gud. lat. 148 in Wolfenbüttel) eine aus fünf Büchern bestehende Sammlung von Fabeln auf uns gekommen, von denen 40 nachweislich und 18 mit an Sicherheit grenzender Wahrscheinlichkeit die jambischen Senare von Phaedrus-Fabeln in Prosa auflösen. Der Name des Dichters fällt in dieser Handschrift jedoch nicht, denn als Autor präsentiert sich »Aesopus« in einer an einen Rufus gerichteten Dedikationsepistel, die, aus Bruchstücken von Formulierungen des Phaedrus in seinen Prologen und Epilogen zusammengeflickt, u. a. die Wirkabsicht der moralischen Unterweisung anspricht. Da sich das Schreiben mehr oder weniger wörtlich auch in der Sammlung des Romulus befindet und es dort auf dessen Widmungsepistel an seinen Sohn Tiberinus folgt, wäre denkbar, dass die Sammlung des Codex W – einzelne darin enthaltene Fabeln

bietet auch der in der Mitte des 15. Jahrhunderts geschriebene Codex Praed. 60 der Frankfurter Universitätsbibliothek – eine Vorstufe der gemeinsamen Vorlage der *recensio Gallicana* und der *recensio vetus* repräsentiert. Denn W ist wie die Phaedrus-Sammlung in fünf Bücher eingeteilt, stellt wie Phaedrus die Fabel von Wolf und Lamm an den Anfang – bei Romulus eröffnet die Bearbeitung von Ph. 3,12 – und weist nicht wenige Passagen auf, in denen sich der Wortlaut enger an den des Phaedrus anlehnt als an den entsprechenden Stellen in der Romulus-Sammlung. W ist aber ganz sicher nicht mit der zu erschließenden Vorstufe der Vorlage von r. g. und r. v. identisch, da Abschnitte des Textes aus der Romulus-Tradition stammen, die Aufteilung der Fabeln auf die fünf Bücher (14 + 11 + 11 + 14 + 8) schwerlich mit derjenigen der ursprünglichen Prosafabel-Pentade übereinstimmt und der Widmungsbrief seltsamerweise in drei Segmente zerlegt ist, die vor 1,1 sowie vor und hinter 5,7 (> Ph. 3,12) stehen. Man wird mit Zago annehmen, dass die Vorlage der beiden Romulus-Versionen und eine auch für W vorauszusetzende Vorlage auf dem Archetyp basieren, den Thiele *Aesopus Latinus* nannte.

Die größten Rätsel gibt eine Fabelsammlung auf, von der wir nur eine einzige Handschrift haben: der von dem Presbyter Ademar von Chabannais (988–1034) geschriebene Codex Vossianus lat. 8° 15 der Universitätsbibliothek Leiden. Er enthält Textmaterial aus der Romulus-Sammlung und ihrer (wahrscheinlich) durch W repräsentierten Vorstufe sowie 30 Fabeln, deren Prosa wie die der W-Fabeln durch Auflösung jambischer Senare in Prosa entstand, aber den Formulierungen der Vorlage gegenüber so treu ist, dass man die metrische Gestalt der 30 Originale noch gut erkennen kann. Als Beispiel diene der Vergleich von Phaedrus 1,1,10–15 mit Ademar 3,6–10:

»ante hos sex menses male« ait »dixisti mihi.« respondit agnus: »equidem natus non eram.« »pater hercle tuus« ille inquit »male dixit mihi.« atque ita correptum lacerat iniusta nece.

haec propter illos scripta est homines fabula, qui fictis causis innocentes opprimunt.

lupus: »ante hos sex menses maledixisti mihi.« respondit: »non eram natus.« lupus: »pater tuus maledixit mihi.« et ita correptum lacerat iniuste. – qui fictis causis innocentes opprimunt.

16 dieser Fabeln fußen auf erhaltenen Phaedriana, die übrigen 14, darunter die besonders berühmte von Stadtmaus und Landmaus (Ad. 13), teils mit Sicherheit, teils sehr wahrscheinlich auf verlorenen Fabeln des römischen Dichters. Von den insgesamt 67 Fabeln der Handschrift stimmen 31 im Wortlaut überwiegend mit Fabeln der *recensio Gallicana* überein, während einige von ihnen signifikante Abweichungen aufweisen. Die Sammlung, die nicht in Bücher untergliedert ist, weist im Großen und Ganzen dieselbe Struktur wie die Romulus-Sammlung auf, wobei allerdings die Äquivalente zu Texten in Romulus Buch 2 am Ende platziert sind. Wenn ein möglichst texttreu, also geradezu mechanisch in Prosa aufgelöstes Phaedrianum vorliegt, hat der Redaktor es in etwa an der Stelle eingeordnet, an der die freiere Bearbeitung in der Romulus-Sammlung steht; hier als Beispiel eine Synopse der Ademar-Fabeln 9–18 mit den Entsprechungen bei Romulus und Phaedrus:

9 = Phaedrus 1,5 in wörtlicher Prosa (~ Romulus 1,6)
10 = Romulus 1,7 (< Phaedrus 1,6)
11 = Romulus 1,10 (< Phaedrus 4,20)
12 = Romulus 1,11 (< Phaedrus 1,29)
13 = Phaedrus, ›Stadt- und Landmaus‹ in wörtlicher Prosa (~ Romulus 1,12)
14 = Romulus 1,13 (< Phaedrus 1,28)
15 = Phaedrus 1,13 in wörtlicher Prosa (~ Romulus 1,15)
16 = Romulus 1,16 (< Phaedrus 1,21)

17 = Romulus 1,17 (< Phaedrus ?)
18 = Phaedrus, ›Löwe und Maus‹ in wörtlicher Prosa (~ Romulus 1,18)

Zu acht Fabeln der Ademar-Sammlung (6, 8, 19, 24, 25, 30, 34, 36) fehlt jeweils das Äquivalent bei Romulus, vier davon lassen deutlich Senare durchscheinen (6, 8, 34, 36), die übrigen sind in der Art der Romulus-Fabeln geschrieben. Thiele hat in seiner Ausgabe unter der Überschrift ›Der Lateinische Äsop des Romulus‹ alle Fabeln, die er außerhalb der beiden Romulus-*recensiones* im Codex Wissemburgensis und in Ademars Handschrift fand, zusammen mit den für Romulus bezeugten ohne Bucheinteilung herausgegeben und kommt somit auf 98 Fabeln dieses Autors. Das beruht aber, wie gesagt, auf quellenpositivistischem Wunschdenken. Freilich bürgert sich so etwas ein, und deshalb identifiziert man die Romulus-Sammlung seit 1910 in der Fabel-Forschung mit derjenigen der Edition Thieles, und nach ihr zählt man die Fabeln. Dabei wird es voraussichtlich so lange bleiben, bis eine moderne Edition, die auch die inzwischen gefundenen Handschriften einbezieht, die alte ersetzt.

Wir haben es im Folgenden nur noch mit der *recensio Gallicana* zu tun. Der Grund für meine Entscheidung, nur diese aus 81 Fabeln bestehende Sammlung zweisprachig vorzulegen, ist ein sehr einfacher: Sie wurde von 1476/77 an durch Steinhöwels *Esopus* in der ganzen Welt verbreitet. Es hätte sich daher eigentlich angeboten, seine Version des lateinischen Textes hier neu zu edieren. Aber zum einen ging die Handschrift, die er drucken ließ, verloren – die Wertschätzung des neuen Publikationsmediums war in der Zeit unmittelbar nach der Entdeckung der ›schwarzen Kunst‹ so groß, das man immer wieder die ›überholten‹ Druckvorlagen wegwarf –, und mithin kann nicht geprüft werden, ob und wenn ja in welchem Maße Steinhöwel seine Version der *recensio Gallicana* konjekturalen Eingriffen in den Text unterzogen hat. Zum anderen fehlen bei ihm die Fabeln 4,13 und 14 der r. g.-Kodizes, und allein bei ihm findet

sich eine sonst vermutlich nicht zur Romulus-Überlieferung gehörige Fabel ›Schilfrohr und Tanne‹, die er vielleicht als seine Nr. 4,20 aufnahm, weil er dadurch auf viermal 20 Fabeln kam. Der lateinische Text der vorliegenden Bilingue ist also nicht derjenige Steinhöwels, sondern berührt sich wie schon bei Thiele am engsten mit der ältesten Handschrift der *recensio Gallicana*, dem Londoner Codex Burneianus 59 des 10. Jahrhunderts (s. auch S. 209).

Es scheint durchaus möglich, dass uns alle Fabeln der *recensio Gallicana* außer 4,11–17 und 19, die nachweislich durch Adaption von Fabeln der Sammlung des Ps.-Dositheus (frühes 3. Jh. n. Chr.) entstanden, Prosaversionen von Phaedrus-Texten bieten. Doch Sicherheit haben wir nur bei den 48 Fabeln, neben die wir die durch die eine Phaedrus-Handschrift ›geretteten‹ Äquivalente legen können, sowie einigermaßen sicher bei den insgesamt 17 Fabeln, die, nur im Codex Wissemburgensis und bei Ademar bzw. in beiden Sammlungen überliefert, klare Indizien der Genese durch Auflösung von Senaren in Prosa aufweisen. Darunter lesen wir aber einige Fabeln, die inhaltlich so sehr von dem entsprechenden Phaedrus-Text abweichen, dass entweder von gravierenden Änderungen auszugehen ist, die der ›Herausgeber‹ der *recensio Gallicana*, der sich Romulus nennt, an der Vorlage vorgenommen hat, oder davon, dass er neben den acht Fabeln des Ps.-Dositheus auch auf andere Prätexte als Phaedrus rekurrierte und somit auf solche, die nicht mehr verifizierbar sind. Nun wurde aber jede Fabel, die zweifelsfrei auf ein phaedrianisches Original zurückgeht, diesem gegenüber inhaltlich irgendwie verändert, und wenn das auch oft in nur geringem Grade erfolgte, darf doch die Fähigkeit des Bearbeiters zur Anverwandlung einer Vorlage an ein eigenes Fabelkonzept grundsätzlich vorausgesetzt werden. Aber wie steht es mit Fabeln, bei denen die Diskrepanz zwischen Prätext und Adaption besonders stark ist? Das trifft z. B. auf Romulus 3,9 über die Witwe und den Soldaten zu, und dieser Text wurde in jüngerer Zeit einige Male, zuletzt 2010 von Giulio Vannini (s. S. 233), im Vergleich mit der Phaedrus-Version

und Petrons berühmter ›Matrone von Ephesus‹ (*Satyrica* 111f.) mit dem überzeugenden Ergebnis analysiert, dass er zusammen mit den beiden anderen Versionen und unabhängig von ihnen auf einer nicht auf uns gekommenen Vorlage fußen dürfte. Es ist also damit zu rechnen, dass Romulus bei einigen seiner Fabeln bewusst eine Alternative zu einem Phaedrus-Text wählte.

Einen indirekten Hinweis darauf, dass es so war, gibt eine aufschlussreiche Feststellung: Bei den acht Adaptionen von Fabeln des Ps.-Dositheus handelt es sich um Nr. 5 = 4,11; 6 = 4,12; 8 = 4,13; 10 = 4,14; 13 = 4,15; 14 = 4,16; 15 = 4,17; 17 = 4,19. Wie man sieht, blieb die Reihenfolge der acht Vorlagen gewahrt, aber Ps.-Dositheus 7, 9, 11, 12 und 16 sind ausgelassen. Sie sind es offenbar deswegen, weil Romulus gegenüber diesen Versionen diejenigen des Phaedrus als Prätexte vorzog (Nr. 7 hat bei diesem keine Entsprechung): für 1,5 wählte er statt Ps.-Dos. Nr. 11 Ph. 1,4, für 1,2 statt Nr. 12 Ph. 1,1, für 1,12 statt Nr. 16 die heute verlorene Fabel von Stadtmaus und Landmaus, die im Ademar-Kodex als Auflösung in Prosa (Ad. 13) zu lesen ist, und für 1,15 statt Nr. 9 Ph. 1,13. Der Befund gestattet tatsächlich die Folgerung, dass der ›Herausgeber‹ der Tetralogie Fabelversionen miteinander verglich und sich für diejenige entschied, die ihm am besten gefiel. So ist denkbar, dass uns mit der Fabel Romulus 4,9, worin sich das Pferd mit dem Menschen gegen den Hirsch verbündet, nicht eine freie Bearbeitung von Phaedrus 4,4 vorliegt – dort ist dem Eber die Rolle des Hirschs zugewiesen –, sondern um eine Ausgestaltung von vier Versen in Epistel 1,10 des Horaz (V. 34–38), wo wie bei Romulus (und schon in Aristoteles, *Rhetorik* 2,20) der Hirsch Antagonist des Pferds ist. Es wäre freilich wenig sinnvoll, beim gegenwärtigen Stand der Romulus-Forschung, die nur Literatur zur Überlieferung und zur Rezeption, aber so gut wie nichts zur Textinterpretation bietet, darüber zu spekulieren, wann der ›Herausgeber‹ Fabel-Prätexte frei umgestaltete und wann er einer Phaedrus-Version eine andere vorzog. Auf sicherem Boden stehen wir lediglich bei den Romulus-Fabeln, die nicht allzu signifikante

Änderungen gegenüber der Vorlage aufzuweisen haben und dennoch eine Anpassung an die Wirkabsicht der gesamten Sammlung verraten. Wenn wir uns jetzt endlich nach dem dunklen Gang durch das Labyrinth der kodikologischen Probleme den Fabeln selbst zuwenden, wird der Vergleich Romulus/Phaedrus ein wichtiger Punkt sein.

Was wie bei Avian ausgeklammert bleiben muss, ist die Buchstruktur, da sie auch bei Romulus bisher nicht untersucht wurde. Dass der Redaktor die Fabeln nicht willkürlich angeordnet hat, zeigt bereits ein kurzer Blick auf 1,1–5: 1,1 über das Huhn, das mit der Perle auf dem Mist nichts anfangen kann, eröffnet die Sammlung programmatisch als implizit metapoetischer Text, den ›Äsop‹ als »Fabel über sich selbst« ankündigt und über den er im Epimythium sagt, er erzähle ihn denen, »die ihn lesen und nicht verstehen«; 1,2 ist mit 1,4 und 1,3 mit 1,5 jeweils motivisch vernetzt: In dem ersten Paar wird erst einem Lamm, dann einem Schaf von einem Wolf Unrecht getan, das zweite Paar thematisiert Unglück im Wasser, den Tod des Frosches und den Verlust des Fleischstücks durch den Hund. Mehr als diese Andeutungen kann ich auch hier nicht machen.

Schlange im Haus statt am Busen

Die Widmungsepistel des Romulus an seinen Sohn Tiberinus, die dem Prolog ›Äsops‹ zu ›seinen‹ Fabeln vorausgeht und sich wie dieser aus Bruchstücken von Prologen und Epilogen des Phaedrus zusammensetzt, präsentiert uns den griechischen Fabelerzähler als einen angesehenen Bürger Athens, der seinen Sklaven mit seinen Geschichten moralische Unterweisung erteilt. Äsop erscheint also nicht selbst als Sklave, als der er in 90 von 142 Kapiteln der romanhaften Biographie des 2. Jahrhunderts n. Chr. agiert und den auch Phaedrus in ihm gesehen haben dürfte, wie man aus V. 34 des Prologs zu seinem Buch 3 schließen darf. Wie der Sklave der Vita seine

Mitmenschen satirisch verspottet und diese Sprechhaltung in die von ihm zum Besten gegebenen Fabeln einbringt, verbindet sich die durch die *Fabulae Aesopiae* des Phaedrus vermittelte sittliche Belehrung immer wieder mit Satire und Sarkasmus. Das gilt aber nicht mehr für den ›Äsop‹ der Romulus-Sammlung, wie bereits der Brief an Tiberinus ahnen lässt: Das dort skizzierte moraldidaktische Programm impliziert Erbaulichkeit ohne Biss, und zu einer solchen Art der Erhebung des Zeigefingers eignet sich ein attischer Bürger besser als ein Sklave. So erfahren wir denn auch im Epilog der Romulus-Sammlung, dass die Athener ihren Äsop mit einer Statue ehrten. Es war dem Anonymus, dem wir die Tetralogie verdanken, vermutlich sehr daran gelegen, dass seine Leser – man wird in erster Linie an Schulmeister und ihre Eleven denken – die Lehren der ›äsopischen‹ Fabeln für authentisch hielten. Denn er behauptet, er habe die Texte aus dem Griechischen ins Lateinische übertragen. Das ist zweifellos Fiktion, wofür allein schon der Name Romulus spricht Denn das kulturelle Gedächtnis assoziiert den Gründer Roms, und durch seine Person soll offensichtlich ein hohes Alter der Fabeln verbürgt und damit deren Authentizität garantiert sein. Damit vergleichen kann man, dass der anonyme Autor eines ›wahren‹ Berichtes über den Untergang Trojas, der sich Dares nennt, seiner Prosaschrift einen Brief an »Sallust« vorausschickt, in dem »Cornelius Nepos« von Historiker zu Historiker verrät, er habe das Werk des Dares in Athen gefunden und ins Lateinische übersetzt. Für so etwas verwendet die Literaturwissenschaft den (u. a. ins Englische übernommenen) Begriff ›Beglaubigungsapparat‹.

Wie hat ›Romulus‹ nun ›Phaedrus‹ – bei diesem Namen handelt es sich vermutlich ebenfalls um ein Pseudonym – in den von ihm bearbeiteten Fabeln des Dichters die satirische Schärfe genommen? Stellen wir nochmals exemplarisch einen Textvergleich an: zwischen Fabel Phaedrus 4,20, die ich, damit auch der formale Unterschied wenigstens andeutungsweise wahrnehmbar ist, in metrischer Übertragung zitiere, und Romulus 1,10!

Wer Bösen Hilfe bringt, bedauert es danach.
Ein Mann hob eine steif gefrorne Schlange auf
und wärmte sie im Schoß voll Mitleid, doch sich selbst
zum Schaden: Kaum erholt, biss gleich sie tot den Mann.
Von einer andern nach dem Grund der Tat gefragt,
sprach sie: »Damit ja keiner Schurken nützen lernt.«

Wer einem Bösen Hilfe bringt, wisse, dass er einen großen Fehler macht, und wenn er jenem Gutes tut, wisse er, dass ihm von jenem geschadet wird. Deshalb lasst uns diese Fabel anhören:

Weil sie vor Kälte und Frost starr war, nahm einer aus Nächstenliebe eine Schlange bei sich auf, behielt sie in seinem Haus und hegte sie den ganzen Winter lang. Als sie bis zum Frühling erholt war, fing sie an, gemein zu sein und mit ihrem Gift vieles zu besudeln. Und sie wollte, um nicht mit Dank davongehen zu müssen, als Gemeine vertrieben werden.

Diese Fabel sollen viele kennen, die aus eigenem Willen irgendwelche Undankbaren hegen, die, wenn sie davongehen wollen, schaden.

Verbale Übereinstimmungen im Promythium und im ersten Satz des Narrativs und weitere wörtliche Anklänge – sie sind im Lateinischen natürlich deutlicher – belegen, dass der Bearbeiter vom Phaedrus-Text ausging. Aber schon in der zweiten Hälfte des ersten Satzes weicht der Prosaerzähler von dem Dichter ab: Bei diesem erholt (4 *refecta*) sich die Schlange im *sinus* (Gewandbausch, Brust, Schoß) ihres barmherzigen Samariters – daher die Redensart ›eine Schlange am Busen nähren‹ (G. Büchmann, Geflügelte Worte, Berlin [32]1972, S. 490) –, bei Romulus dagegen in dessen Haus (§ 3 *refectus*), wo sie den ganzen Winter verbringen darf. Am ›Busen‹ beißt die Schlange zu, und das ist noch weit eher das Verhalten eines »Bösen« als das, was ihre Artgenossin bei Romulus mit ihrem Gift darin macht: Sie besudelt »vieles« – was auch immer wir uns darunter vorstellen sollen. Sowohl damit wird böses Handeln gegenüber der Vorlage abgemildert als auch durch die Veränderung der Begründung für das jeweilige Giftspritzen. Die Romulus-Schlange möchte ihren Ruf als

»Gemeine« wahren, und sorgt deshalb durch ihre Aktion dafür, dass sie das doch so gastfreundliche Haus nicht mit einer Danksagung verlassen muss. Bei Phaedrus erwartet man zunächst gar nicht ihre Rechtfertigung, sondern eher – und so liest man es z. B. in Fabel 176 der pseudo-äsopischen *Collectio Augustana* –, dass der Gebissene im Sterben zu der Erkenntnis kommt, er habe als Retter einer Schlange seinen Tod verdient. Stattdessen taucht aber eine zweite Schlange auf, fragt die Artgenossin nach deren Motivation und erhält die verblüffende Antwort, diese habe generell die Lehre erteilt, dass man Schurken nicht nützen solle. Das klingt aber, weil die Lehrerin ja selbst der »Schurke« ist, reichlich zynisch, und weil es so unverhofft geschieht, dürfte mancher unwillkürlich lachen. Man kann folglich die Phaedrus-Version durchaus als Witz auffassen. »Witze, die dir das Lachen vervielfachen« kündigt Romulus seinem Sohn im Widmungsbrief explizit an, aber die bei Phaedrus auf Schritt und Tritt anzutreffende sarkastische Färbung würde man bei seinem Bearbeiter vergeblich suchen. Sie fehlt auch bei Avian, und wie er war auch Romulus in Mittelalter und Renaissance nicht zuletzt aus diesem Grunde ein sehr populärer Autor. Wie sich das äußerte, sei jetzt erörtert.

Noch nicht in Konkurrenz mit Phaedrus und Aisopos

Es ist interessant zu sehen, dass La Fontaine, der Phaedrus schon kannte und Fabeln von ihm bearbeitete – z. B. 1,15, die Romulus nicht in Prosa umformte, in 6,8 –, von den beiden gerade verglichenen Schlangengeschichten die Ausgangsituation der ›harmlosen‹, Rom. 1,10 für seine Version heranzog (6,13,8: »l'emporte en sa demeure«). Das geschah in den sechziger Jahren des 17. Jahrhunderts, mithin zu einer Zeit, als die erste Veröffentlichung der (gekürzten) fünf Bücher des Fabeldichters rund 70 Jahre zurücklag. Damals begann eine Entwicklung, die Romulus mehr und mehr hinter sein

Vorbild zurückdrängte, wobei hinzukam, dass die sich immer weiter verbreitenden Griechischkenntnisse den Zugang zu den Fabeln ermöglichten, die, in den Handschriften und Drucken Aisopos zugeschrieben, allgemein als seine Werke, also als das ›Original‹ galten. Doch von der Spätantike bis mindestens zum Ende des 16. Jahrhunderts beherrschte der ›Prosa-Phaedrus‹ das Feld allein, und er war sogar noch mehr gefragt als Avian. Von den im Mittelalter entstandenen Romulus-Bearbeitungen seien zwei kurz betrachtet. Die eine, nach ihrem Ersteditor Joan Frederik Nilant (1680–1757) *Romulus Nilantius* genannt und ins 11. Jahrhundert zu datieren, enthält christlich eingefärbte Adaptionen von 50 Romulus-Fabeln in Prosa. Die spezielle Bedeutung der Sammlung liegt darin, dass sie der ersten volkssprachlichen Fabelsammlung, die erhalten ist, als Vorlage diente: dem anglonormannischen *Esope* der Marie de France vom Ende des 12. Jahrhunderts, einer Sammlung von 106 Fabeln in achtsilbigen Reimpaaren. In elegische Distichen setzte der zweite der hier zu nennenden Romulus-Bearbeiter dessen Bücher 1–3 im 12. Jahrhundert um: der *Anonymus Neveleti*, wie der Fabelspezialist Gotthold Ephraim Lessing (1729–1781) ihn bezeichnete, weil die 60 Fabeln, die in fast 200 Handschriften tradiert sind, erstmals Isaac Nicholas Nevelet (geb. 1590) in seiner griechisch-lateinischen Fabelanthologie publizierte. 1610 in Frankfurt am Main gedruckt, regte das Buch mehrere Fabelautoren zur Eigenproduktion an, darunter La Fontaine.

Wie bereits gesagt, folgt die Romulus-Sammlung in Steinhöwels *Esopus* von 1476/77 auf die fiktionale Biographie des Fabelerzählers. Der Herausgeber und Übersetzer regenerierte damit, vermutlich ohne sich dessen bewusst zu sein, die Verbindung von ›Leben und Werk‹, die vorher durch die Überlieferungsgemeinschaft des griechischen Originals der Vita mit der *Collectio Augustana* hergestellt worden war. Zusammen mit Avian und den anderen Geschichtensammlungen, die der *Esopus* vereint, wurde der ›Aesopus Latinus‹ Romulus rund zweihundertmal nachgedruckt und teils vollständig,

teils im Auszug in zwölf verschiedene Sprachen übersetzt, darunter die meisten europäischen und Japanisch. Zur Beliebtheit des *Esopus*, dem in der frühen Neuzeit als ›Bestseller‹ nur die Bibel Konkurrenz machte, trug wesentlich bei, dass, erstmals in der Editio princeps und in den Neuauflagen teils in direkter Wiedergabe, teils nachgeahmt, 208 prachtvolle Holzschnitte eines unbekannten Ulmer Meisters – in dieser Stadt erschien der *Esopus* – die Vita und die Fabeln illustrieren. Die beiden prominentesten zeitgenössischen Leser des Bandes, von denen wir wissen, sind Martin Luther (1483–1546), der die Romulus-Fabeln 1,1–9, 11–12 und 15 bearbeitete und 1557 in Band 5 seiner *Werke* veröffentlichte, und der schon als Avian-Rezipient erwähnte Dichter Hans Sachs. Luthers Begründung dafür, dass er die genannten Texte auswählte und umformulierte, war, dass er manche der von Steinhöwel publizierten Fabeln für unsittlich hielt; es seien *so schendliche, unzüchtige Bubenstück darein gemischt, das kein züchtig, from Mensch leiden, zuvor kein jung Mensch one schaden lesen oder hören kan.* Den ›reader response‹ auf seine eigenen Versionen wünschte er sich wie folgt (vgl. zu den beiden Zitaten Dithmar [S. 233], 161f.):

> *Wenn ein Hausvater uber Tisch wil Kurtzweil haben, die nützlich ist, kan er sein Weib, Kind, Gesind fragen, Was bedeut diese oder diese Fabel? und beide, sie und sich darin üben. Als die fünffte Fabel vom Hund mit dem Stück Fleisch im Maul bedeutet, wenn einem Knecht oder Magd zu wol ist, und wils bessern, so gehets jm wie dem Hund, das sie das gute verlieren und jenes bessere nicht kriegen.*

Lehren solcher Art verknüpfte auch der engagierte Lutheraner Sachs mit seinen Adaptionen von Romulus-Fabeln. Bedeutung erlangte sein Beitrag zur Rezeption des *Esopus* vor allem dadurch, dass er, Angehöriger einer reichstädtischen Mittelschicht, einen großen Teil vom Inhalt des Prachtbandes, der sehr viel kostete – im Jahre 1488 hätte z. B. ein Augsburger Erntehelfer für den Erwerb des *Esopus* 16 Tagelöhne aufbringen müssen –, an Standesgenossen,

die sich den Kauf nicht leisten konnten, leicht zugänglich vermittelte: durch Spruchgedichte, die, mit Holzschnitten geschmückt, als Flugblätter verbreitet wurden, und Meisterlieder, die in zahlreichen Städten des deutschen Sprachraums bei den Gesangsvorträgen der Meistersinger, den ›Singschulen‹, zu hören waren. Von den 80 Fabeln der Steinhöwel'schen Romulus-Edition verwandelte Sachs 48 in Meisterlieder und 15 davon zusätzlich in Spruchgedichte. Den durch Richard Wagner weltbekannt gewordenen Poeten, der auch Dramen schrieb, darunter eines, das auf der Äsop-Vita fußt, hat man einen ›Meister der Medien‹ genannt, und allein schon als solcher erscheint er aus der Sicht unseres Jahrhunderts mit der sich immer mehr ausweitenden Medienlandschaft als eine höchst beeindruckende Gestalt unter den produktiven Lesern Avians und des Romulus.

Was die zweite Sammlung betrifft, muss zu ihrem Nachleben noch eines gesagt werden: Mag sie denn beinahe ganz vergessen sein, so hat der Anonymus, der sich Romulus nennt, durch seine Auswahl der 81 Fabeln die neuzeitliche Vorstellung von dem, was man unter der Textsorte zu verstehen hat, bis in unsere Kinderstuben hinein geprägt. Denn in den Fabeln des Romulus ist bis auf zwei Ausnahmen, die aber die Regel bestätigen (3,9 und 10), stets eine der handelnden Personen ein Tier – dies bei Weitem am häufigsten; meist treten nur Tiere auf –, eine Pflanze, ein Gott oder ein Gegenstand. Und daher rührt offenkundig, dass wir ›Fabel‹ heute mit ›Tiergeschichte‹ gleichsetzen.

Neuland in einer Terra paene incognita

Angesichts des enormen weltweiten Interesses, das Avian und Romulus von der Spätantike bis in 17. Jahrhundert hinein weckten, wirkt das weitgehende Ignorieren der beiden Fabelautoren, das im 21. Jahrhundert selbst bei den für das Gebiet der antiken Fabel zu-

ständigen Fachleuten zu verzeichnen ist, sehr befremdlich. Ich wies bereits darauf hin, dass es zu Avian fast keine und zu Romulus gar keine Untersuchungen gibt, die im Sinne der modernen Literaturwissenschaft lesenswert wären, und ich füge nun hinzu, dass es auch mit Übertragungen nicht gut aussieht. Was Avian betrifft, gibt es nur eine nicht allzu alte Verdeutschung aller 42 Fabeln, diejenige Johannes Irmschers von 1978 in einer Ausgabe antiker Fabeln ohne die Originaltexte. Sie liefert eine Umsetzung der elegischen Distichen in hier denkbar unpassende jambische Verse mit unterschiedlicher Silbenzahl und in der heute schwer verständlichen ›Dichtersprache‹ früherer Zeiten, die zwangsläufig sehr frei ist, ja nicht selten etwas bietet, das keine Entsprechung im lateinischen Text hat. Nicht viel besser steht es um die Bilingue der *Loeb Classical Library* von J. Wight Duff und Arnold M. Duff, die, erstmals 1934 erschienen und mehrfach unverändert nachgedruckt, allein schon aufgrund ihres Alters als z. T. überholt zu gelten hat, vor allem aber deswegen, weil sie im Wesentlichen den mit zahlreichen Konjekturen relativ stark durchsetzten Text übernimmt, den Robertson Ellis seinem Kommentar von 1887 beigibt; außerdem neigen auch diese beiden Übersetzer passagenweise zu Freiheiten, die vom lateinischen Text wegführen. Deutschsprachige Leser von Fabeln, die Avian in einer modernen und verlässlichen wörtlichen Prosaübertragung kennenlernen wollen, mussten bisher, je nachdem, welche von den drei wichtigsten romanischen Sprachen sie am besten beherrschten, zu der Bilingue Françoise Gaides von 1980 oder zu derjenigen Giannina Solimanos von 2005 oder zu der Übersetzung von Antonio Cascón Dorado von 2005 greifen.

Avian schreibt, da er Klassizismen mit spätantiker Vulgärsprache verbindet, ein keineswegs leichtes Latein; man gewöhnt sich nicht leicht daran, dass z. B. *cupere* (›wünschen‹) bei ihm auch ›glauben‹ und *exosus* (›sehr hassend‹) auch ›verhasst‹ bedeuten kann. Mir kam es bei meinem Versuch einer Verdeutschung in Prosa – eine metrische wäre nicht in Frage gekommen – primär auf Wörtlich-

keit an, wie sie das Deutsche wegen des stärker als in den beiden romanischen Sprachen ausgeprägten Endungssystems und der freien Wortstellung in sehr hohem Maße leisten kann. Dadurch wirken manche Passagen vielleicht etwas schwerfällig und spröde, aber dem entspricht auch manchmal die Diktion meiner Vorlage. Deren Text findet der Leser erstmals neben einer deutschen Übersetzung, und das gilt ebenso für die Romulus-Sektion der vorliegenden Bilingue. Eine Verdeutschung gab es immerhin bereits, gleichfalls von Johannes Irmscher. Sie darf, weil das Original in Prosa geschrieben ist und Irmscher diesmal nicht dichtet, als durchaus gelungen bezeichnet werden, wenngleich er auch hier immer wieder vom lateinischen Wortlaut zu weit abweicht. Irmscher präsentiert alle 98 Fabeln, die Thiele Romulus zuweist, und akzeptiert seine zahlreichen Konjekturen. Kritischer geht die einzige mir bekannte jüngere Romulus-Übertragung vor, die erst vor 16 Jahren erschien. Sie ist verfasst von Antonio Cascón Dorado, der sich wie bei Avian und wie Gaide und Solimano beim selben Dichter um Wörtlichkeit bemüht. Er begnügt sich mit den 81 Fabeln der *recensio Gallicana*, die bei ihm wieder in die vier Bücher eingeteilt sind; das geschah, soweit ich sehe, seit dem 19. Jahrhundert nicht mehr. Mit meiner Version wiederum bemühe ich mich auch bei diesem Text, der wie derjenige Avians spätlateinische Besonderheiten aufweist, darum, unter Nutzung der oben genannten günstigen Voraussetzungen unserer Sprache, so ›authentisch‹ wie möglich zu verdeutschen, und auch hier ist, wenn manches als zu wenig gefällig wiedergeben wirkt, mein Prinzip des ›*verbum ad verbum*‹, das ich speziell bei Bilinguen für notwendig erachte, verantwortlich zu machen.

Für die Durchsicht dieses Bandes danke ich wieder einmal sehr herzlich Siegmar Döpp, dem Kenner der spätantiken Literatur, und Lavinia Stumpf, für nützliche Hinweise Barbara Sasse. Gewidmet ist diese Fabel-Bilingue, die als meine vierte eine Tetralogie antiker Fabeln abschließt, meinem älteren Bruder Hans-Joachim Holzberg. Er verblüfft mich immer wieder, wenn er heute noch, knapp 60 Jah-

re nach seinem Abitur an dem von uns beiden besuchten Humanistischen Gymnasium, die ersten Verse von Phaedrus 1,1, ›Wolf und Lamm‹, fehlerfrei und metrisch korrekt aufsagen kann, obwohl er die griechischen und römischen Autoren danach ganz aus den Augen verlor. Und regelrecht gerührt hat es mich, als er mir einmal aus Kopenhagen ein in einem Antiquariat aufgestöbertes Exemplar des Weidmann-Kommentars *Ausgewählte Fabeln des Phädrus* von F. E. Raschig in der Auflage von 1853 mitbrachte. Aber sein Bestes war bisher, dass er beim Kauf eines Frankfurter Kranzes im Frühjahr 2020 die maskierte Bäckerin, selbst maskiert, heiter fragte, ob sie wisse, was ›Kranz‹ auf Lateinisch heißt.

München, im Herbst 2021 Niklas Holzberg

AVIANI FABULAE

AVIAN, FABELN

Avianus Theodosio

Dubitanti mihi, Theodosi optime, quonam litterarum titulo nostri nominis memoriam mandaremus, fabularum textus occurrit, quod in his urbane concepta falsitas deceat, et non incumbat necessitas veritatis. nam quis tecum de oratione, quis de poemate loqueretur, cum in utroque litterarum genere et Atticos Graeca eruditione superes, et latinitate Romanos? huius ergo materiae ducem nobis Aesopum noveris, qui responso Delphici Apollinis monitus ridicula orsus est, ut legenda firmaret. verum has pro exemplo fabulas et Socrates divinis operibus indidit et poemati suo Flaccus aptavit, quod in se, sub iocorum communium specie, vitae argumenta contineant. quas Graecis iambis Babrius repetens in duo volumina coartavit. Phaedrus etiam partem aliquam quinque in libellos resolvit. de his ergo ad quadraginta et duas in unum redactas fabulas dedi, quas rudi latinitate compositas elegis sum explicare conatus. habes ergo opus, quo animum oblectes, ingenium exerceas, sollicitudinem leves, totumque vivendi ordinem cautus agnoscas. loqui vero arbores, feras cum hominibus gemere, verbis certare volucres, animalia ridere fecimus, ut pro singulorum necessitatibus vel ab ipsis ⟨in⟩animis sententia proferatur.

Avian an Theodosius

Als ich im Zweifel darüber war, mein bester Theodosius, in welcher literarischen Gattung ich das Andenken an meinen Namen der Literatur anvertrauen sollte, kam mir die Erzählung von Fabeln in den Sinn, weil in ihnen geistreich verfasste Fiktion passend ist und sich nicht die Notwendigkeit der Wahrheit aufdrängt. Denn wer wollte mit dir über Rhetorik, wer über Dichtung reden, wo du doch in beiden literarischen Genres sowohl die Attiker an griechischer Bildung übertriffst als auch an Latinität die Römer? In diesem Stoff also ist Wegweiser für mich, so sollst du wissen, Äsop, der, nachdem ihm das vom Orakelspruch des delphischen Apollo geraten worden war, mit amüsanten Geschichten begann, um dem, was man lesen sollte, Kraft zu verleihen. Aber diese Fabeln hat auch Sokrates als Exempla in seine göttlichen Werke eingelegt, und Flaccus hat sie seiner Dichtung angepasst, weil sie hinter der Fassade allgemein verständlicher Witze Lehren für das Leben enthalten. Die hat in griechischen Jamben Babrios wiedererzählt und in zwei Bücher zusammengedrängt. Auch Phaedrus hat einen gewissen Teil auf fünf Bücher ausgedehnt. Von diesen habe ich also zweiundvierzig Fabeln zu einem Buch vereint, die ich in kunstlosem Latein verfasst und im elegischen Versmaß wiederzugeben versucht habe. Du hast da also ein Werk, mit dem du deinen Sinn erfreuen, deinen Geist trainieren, deinen Kummer lindern und die ganze Lebensordnung wachsam erkennen kannst. Ich habe darin aber Bäume sprechen, Bestien zusammen mit Menschen knurren, Vögel mit Worten streiten und Tiere lachen lassen, damit entsprechend den Bedürfnissen jedes einzelnen sogar von unbelebten Wesen Lebensweisheiten vorgebracht werden können.

1

Rustica deflentem parvum iuraverat olim,
ni taceat, rabido quod foret esca lupo.
credulus hanc vocem lupus audiit et manet ipsas
pervigil ante fores, irrita vota gerens.
nam lassata puer nimiae dat membra quieti,
spem quoque raptori sustulit inde fames.
hunc ubi silvarum repetentem lustra suarum
ieiunum coniunx sensit adesse lupa:
'cur' inquit 'nullam referens de more rapinam,
languida consumptis sed trahis ora genis?'
'ne mireris' ait 'deceptum fraude maligna
vix miserum vacua delituisse fuga.
nam quae praeda, rogas, quae spes contingere posset,
iurgia nutricis cum mihi verba darent?'
haec sibi dicta putet seque hac sciat arte notari,
femineam quisquis credidit esse fidem.

2

Pennatis avibus quondam testudo locuta est:
si quis eam volucrem constituisset humi,
protinus e rubris conchas proferret harenis,
quis pretium nitido cortice baca daret;
indignum sibimet, tardo quod sedula gressu
nil ageret toto perficeretque die.
ast ubi promissis aquilam fallacibus implet,
experta est similem perfida lingua fidem.
et male mercatis dum quaerit sidera pennis,
occidit infelix alitis ungue fero.

1

Eine Bäurin hatte einst ihrem Kleinen, das weinte, geschworen, dass es,
wenn es nicht still sei, Fraß für den reißenden Wolf sein werde.
Leichtgläubig hörte der Wolf diese Worte, und er wartete wachsam
direkt vor der Tür, vergebliche Wünsche hegend.
Denn der Junge gab seine müden Glieder tiefem Schlaf hin;
zugleich nahm so der Hunger dem Räuber die Hoffnung.
Als er seinen Bau in seinem Wald wieder aufsuchte und
seine Frau, die Wölfin, merkte, dass er hungrig gekommen war,
sagte sie: »Warum bringst du nicht, wie gewohnt, Raub heim,
sondern schleppst ein erschlafftes Maul mit ausgezehrten Wangen daher?«
»Wundere dich nicht«, sprach er, »dass, getäuscht von bösem Trug,
ich Armer mit Mühe unbemerkt die Flucht ergriff, leer ausgegangen.
Denn welche Beute – das kannst du fragen? –, welche Hoffnung hätte mir
zuteilwerden können, als mich das Schimpfen einer Amme irreführte?«
Es glaube, dass dies ihm gesagt ist, und wisse, dass er durch dies Gedicht
gebrandmarkt wird,
jeder, der vermeint, es gebe weibliche Zuverlässigkeit.

2

Zu den befiederten Vögeln sagte einst die Schildkröte,
wenn einer sie nach einem Flug auf die Erde stellen würde,
würde sie sofort aus dem roten Sand Muscheln hervorholen,
denen die Perle in der glänzenden Schale Wert verleihe;
es sei ihrer unwürdig, dass sie, die Emsige, wegen ihres langsamen Schrittes
nichts zustande bringe und vollende an einem ganzen Tag.
Doch als sie mit trügerischen Versprechen den Adler erfüllt hatte,
lernte ihre treulose Zunge ähnliche Treue kennen.
Und während sie auf teuer gekauften Flügeln zu den Sternen strebte,
starb die Unglückselige in den grausamen Krallen des Vogels.

tum quoque sublimis, cum iam moreretur, in auras
ingemuit votis haec licuisse suis.
nam dedit exosae post haec documenta quietis
non sine supremo magna labore peti.
sic quicumque nova sublatus laude tumescit,
dat merito poenas, dum meliora cupit.

3

Curva retrocedens dum fert vestigia cancer,
hispida saxosis terga relisit aquis.
hunc genetrix facili cupiens procedere gressu,
talibus alloquiis praemonuisse datur:
'ne tibi transverso placeant haec devia, nate,
rursus in obliquos neu velis ire pedes.
sed nisu contenta ferens vestigia recto,
innocuos proso tramite siste gradus.'
cui natus: 'faciam, si me praecesseris,' inquit
'rectaque monstrantem certior ipse sequar.
nam stultum nimis est, cum tu pravissima temptes
alterius censor ut vitiosa notes.'

4

Immitis Boreas placidusque ad sidera Phoebus
iurgia cum magno conseruere Iove,
quis prior inceptum peragat: mediumque per orbem
carpebat solitum forte viator iter.
convenit hanc potius liti praefigere causam,
pallia nudato decutienda viro.

Da, hoch in den Lüften, bereits im Sterben,
beklagte sie, dass dies ihren Wünschen erlaubt gewesen sei.
Denn sie erteilte danach die Lehre, die aus verhasster Untätigkeit zu ziehen
dass Großes nicht ohne die allergrößte Mühe erlangt wird. [ist:
So wird jeder, der, erhoben von einer neuartigen Ruhmestat, anschwillt,
mit Recht bestraft, wenn er nach Besserem trachtet.

3

Während rückwärtsgehend schräg die Beine setzte ein Krebs,
stieß er sich seinen rauen Rücken an den Steinen im Wasser.
Ihn ermahnte die Mutter in dem Wunsch, dass er leichten Schrittes vor-
mit den folgenden an ihn gerichteten Worten, wie erzählt wird: [wärtsgehe,
»Nicht soll dir dieses schräge Gehen auf Abwegen gefallen, mein Sohn,
noch wolle, dass deine Füße wieder auf die schiefe Bahn gehen,
sondern, im Bemühen um einen geraden Gang straff deine Beine setzend,
lenke ohne Schaden für dich deine Schritte vorwärts auf dem Pfad.«
Zu ihr sprach der Sohn: »Ich will es tun, wenn du mir vorausgehst,
und der, die mir das Richtige zeigt, werde ich sicherer folgen.
Denn höchst töricht ist es, dass du, wo du doch dabei bist, das Falscheste
als Zensor die Fehler eines anderen brandmarkst.« [zu tun,

4

Der wilde Boreas und der sanfte Phöbus begannen vor den
Sternen und dem großen Jupiter mit ihnen ein Wortgefecht darüber,
wer zuerst etwas Begonnenes vollenden könne. Und über den mittleren
ging gerade ein Wanderer seinen gewohnten Weg. [Kreis
Sie vereinbarten, für ihren Streit erst einmal dieses Testverfahren
festzusetzen:
Der Mantel solle dem Mann herabgeschlagen und er entblößt werden.

protinus impulsus ventis circumtonat aether,
et gelidus nimias depluit imber aquas:
ille magis duplicem lateri circumdat amictum,
turbida summotos quod trahit aura sinus.
sed tenues radios paulatim increscere Phoebus
iusserat, ut nimio surgeret igne iubar,
donec lassa volens requiescere membra, viator,
deposita fessus veste sederet humi.
tunc victor docuit praesentia numina Titan
nullum praemissis vincere posse minis.

5

Metiri se quemque decet propriisque iuvari
laudibus, alterius nec bona ferre sibi,
ne detracta gravem faciant miracula risum,
coeperit in solis cum remanere malis.
exuvias asinus Gaetuli forte leonis
repperit et spoliis induit ora novis
aptavitque suis incongrua tegmina membris
et miserum tanto pressit honore caput.
ast ubi terribilis animo circumstetit horror
pigraque praesumptus venit in ossa vigor,
mitibus ille feris communia pabula calcans
turbabat pavidas per sua rura boves.
rusticus hunc magna postquam deprendit ab aure,
correptum vinclis verberibusque domat.
et simul abstracto denudans corpora tergo
increpat his miserum vocibus ille pecus:

Sofort donnerte, von den Winden erschüttert, der Äther ringsum,
und kalter Regen ließ gewaltige Wassermengen herabströmen.
Der legte umso mehr um den Leib seinen doppelt gefalteten Umhang,
weil der stürmische Wind die Falten entfernte und wegzog.
Doch Phöbus hatte seinen schwachen Strahlen allmählich stark zu
werden befohlen, so dass aus gewaltiger Gluthitze glänzendes Licht her-
bis der Wanderer die ermatteten Glieder ausruhen wollte, [vorging,
seine Kleidung ablegte und sich erschöpft auf den Erdboden setzte.
Da lehrte der siegreiche Titan die anwesenden Gottheiten,
dass niemand durch vorausgeschickte Drohungen siegen könne.

5

Jeder soll sich am eigenen Maß messen und sich an den eigenen Ruhmes-
erfreuen, aber nicht den Besitz eines anderen für sich wegtragen, [taten
damit nicht das Herunterziehen des Bewunderten schwer erträgliches
Lachen bewirkt,
sobald man nur noch mit seinen Fehlern übrig bleibt.
Das Fell eines gätulischen Löwen fand zufällig
ein Esel, und er bedeckte sein Gesicht mit der außerordentlichen Beute,
legte seinen Gliedern die nicht dazu passende Hülle um
und belastete sein armseliges Haupt mit einer so großen Ehre.
Doch als überall in seinem Sinn eine Schrecken erregende Wildheit sich
festsetzte
und Stärke, die er sich einbildete, ihm in die trägen Knochen eindrang,
trampelte er auf der Weide herum, die er mit den milden Tieren gemeinsam
hatte,
und versetzte die ängstlichen Kühe auf ihren Feldern in Unruhe.
Nachdem ein Bauer ihn an seinen großen Ohren erkannt hatte,
ergriff er ihn und bändigte ihn mit Fesseln und Peitschenhieben,
zog ihm zugleich das Fell ab, entblößte seinen Leib
und verhöhnte das armselige Tier mit diesen Worten:

'forsitan ignotos imitato murmure fallas,
at mihi, qui quondam, semper asellus eris.'

6

Edita gurgitibus limoque immersa profundo
et luteis tantum semper amica vadis
ad superos colles herbosaque prata recurrens
mulcebat miseras turgida rana feras,
callida quod posset gravibus succurrere morbis
et vitam ingenio continuare suo.
nec se Paeonio iactat cessisse magistro,
quamvis perpetuos curet in orbe deos.
tunc vulpes pecudum ridens astuta quietem
verborum vacuam prodidit esse fidem.
'haec dabit aegrotis' inquit 'medicamina membris,
pallida caeruleus cui notat ora color?'

7

Haud facile est pravis innatum mentibus, ut se
muneribus dignas suppliciove putent.
forte canis quondam nullis latratibus horrens
nec patulis primum rictibus ora trahens
mollia sed pavidae summittens verbera caudae,
concitus audaci vulnera dente dabat.
hunc dominus, ne quem probitas simulata lateret,
iusserat in rabido gutture ferre nolam.

»Vielleicht täuschst du die, die dich nicht kennen, durch dein imitiertes Gebrüll,
doch für mich wirst du immer der Esel sein, der du zuvor warst.«

6

Geboren aus dem Strudel und in tiefen Schlamm getaucht,
immer nur Freund schmutziger Gewässer,
versuchte, als er die Hügel oben und die grasreichen Wiesen wieder aufsuchte,
der aufgeblasene Frosch leidende Tiere zu täuschen:
Er könne, schlau, wie er sei, bei schweren Krankheiten Rettung bringen
und Leben durch sein Talent verlängern.
Und er rühmte sich, er stehe nicht hinter dem päonischen Meister zurück,
möge der auch die unsterblichen Götter im Himmel heilen.
Da lachte der schlaue Fuchs über die Duldsamkeit der Tiere
und enthüllte die nichtige Zuverlässigkeit der Worte:
»Der da«, sprach er, »soll kranken Gliedern Heilmittel geben können,
dem bläuliche Färbung das bleiche Gesicht markiert?«

7

Schwerlich ist bösen Seelen angeboren, dass sie
glauben, sie würden Vergeltung und Strafe verdienen.
Es gab vorzeiten einmal einen Hund, der nicht durch Bellen schreckte
und nicht erst einmal das Maul weit aufsperrte, wobei er die Lefzen nach hinten zog,
sondern, während er das sanfte Wedeln des ängstlichen Schwanzes senkte,
heftig erregt mit kühnem Zahn Wunden versetzte.
Dem hatte sein Herr, damit niemandem das Vortäuschen der Gutartigkeit
verborgen sei, befohlen, an seiner wütenden Kehle eine Glocke zu tragen.

faucibus innexis crepitantia subligat aera,
quae facili motu signa cavenda darent.
haec tamen ille sibi credebat praemia ferri,
et similem turbam despiciebat ovans.
tunc insultantem senior de plebe superbum
aggreditur, tali singula voce monens:
'infelix, quae tanta rapit dementia sensum,
munera pro meritis si cupis ista dari?
non hoc virtutis decus ostentatur in aere,
nequitiae testem sed geris inde sonum.'

8

Contentum propriis sapientem vivere rebus
nec cupere alterius, fabella nostra monet,
indignata cito ne stet Fortuna recursu
atque eadem minuat quae dedit ante rota.
corporis immensi fertur pecus isse per auras
et magnum precibus sollicitasse Iovem:
turpe nimis cunctis irridendumque videri
insignes geminis cornibus ire boves,
et solum nulla munitum parte camelum
obiectum cunctis expositumque feris.
Iuppiter arridens postquam sperata negavit,
insuper et magnae sustulit auris onus:
'vive minor merito, cui sors non sufficit,' inquit
'et tua perpetuum, livide, damna geme.'

Er legte ihm eine Schlinge um den Hals und band daran unten das lärmende
welches durch leichte Bewegung Zeichen, dass man sich hüten müsse, [Erz,
geben sollte.
Der glaubte freilich, von ihm werde das als Belohnung getragen,
und verachtete triumphierend die ihm gleiche Schar.
Da trat an den hochmütig Frohlockenden ein Älterer aus seinem
Volk heran und ermahnte ihn im Einzelnen mit folgenden Worten:
»Unseliger, was für ein so großer Wahnsinn raubt dir den Verstand,
wenn du glaubst, dass dies Geschenk da dir für deine Verdienste gegeben
wurde?
Dadurch wird nicht ein Schmuck der Tugend in Erz zur Schau gestellt,
sondern du trägst so als Zeugen deiner Verworfenheit einen Ton.«

8

Dass zufrieden mit seinem eigenen Besitz der Weise lebe
und nicht den eines anderen begehre, mahnt meine Fabel,
damit Fortuna nicht verärgert ist und nach schnellem Rücklauf zum
Stehen kommt
und das Rad nicht eben das schmälert, was es vorher gegeben hat.
Ein Tier mit riesigem Leib, so wird erzählt, durchquerte die Lüfte
und bestürmte den großen Jupiter mit Bitten:
Höchst schimpflich erscheine es allen und als Anlass zum Spott,
dass geschmückt mit einem Hörnerpaar die Rinder einhergingen,
doch allein das Kamel an keiner Stelle geschützt sei,
vorgeworfen und ausgesetzt allen wilden Tieren.
Jupiter lachte es aus, und nachdem er das Erhoffte versagt hatte,
nahm er ihm obendrein die Last der großen Ohren weg.
»Lebe verstümmelt, wie du es verdienst, du, dem sein Los nicht genügt«,
sprach er,
»und beklage deinen Verlust für immer, du neidisches Wesen.«

9

Montibus ignotis curvisque in vallibus artum
cum socio quidam suscipiebat iter,
securus, quodcumque malum Fortuna tulisset,
robore collato posset uterque pati.
dumque per inceptum vario sermone feruntur,
in mediam praeceps convenit ursa viam.
horum alter facili comprendens robora cursu
in viridi trepidum fronde pependit onus.
ille trahens nullo iacuit vestigia gressu,
exanimem fingens sponte relisus humi.
continuo praedam cupiens fera saeva cucurrit
et miserum curvis unguibus ante levat.
verum ubi concreto riguerunt membra timore
(nam solitus mentis liquerat ossa calor),
tunc olidum credens, quamvis ieiuna, cadaver
deserit et lustris conditur ursa suis.
sed cum securi paulatim in verba redissent,
liberior iusto, qui fuit ante fugax:
'dic, sodes, quidnam trepido tibi rettulit ursa?
nam secreta diu multaque verba dedit.'
'magna quidem monuit, tamen haec quoque maxima iussit,
quae misero semper sunt facienda mihi:
"ne facile alterius repetas consortia," dixit,
"rursus ab insana ne capiare fera."'

10

Calvus eques capiti solitus religare capillos
atque alias nudo vertice ferre comas,
ad Campum nitidis venit conspectus in armis

9

Auf unbekannten Bergen und in sich windenden Tälern unternahm
zusammen mit seinem Gefährten einer eine Reise auf engen Wegen,
sorglos darauf bauend, dass jedes Ungemach, welches Fortuna bringe,
mit vereinten Kräften beide würden aushalten können.
Während sie in verschiedenen Gesprächen auf der begonnenen Reise dahinzogen,
kam ungestüm eine Bärin mitten auf ihrem Weg daher.
Der eine von ihnen ergriff nach schnellem Lauf einen Baumstamm
und hing im grünen Laub als ängstliche Last.
Der andere bewegte seine Füße nicht einen Schritt vorwärts und lag da,
sich tot stellend, nachdem er sich absichtlich auf den Boden geworfen hatte.
Sofort rannte, begierig auf die Beute, die wilde Bestie herbei,
und sie richtet den Armen mit ihren krummen Krallen erst einmal auf.
Aber als seine Glieder in eisiger Furcht erstarrten –
denn die gewohnte Lebenswärme hatte seine Knochen verlassen –,
da hielt ihn für einen stinkenden Leichnam, ließ, obwohl sie
hungrig war, ihn in Ruhe und verbarg sich in ihrem Bau die Bärin.
Doch als die sorglos allmählich wieder zu Worten zurückgekehrt waren,
nahm sich mehr heraus als recht der, welcher vorher flüchtig war:
»Sag mir bitte, was hat denn die Bärin zu dir in deiner Angst gesagt?
Denn sie gab lange Zeit viele heimliche Worte von sich.«
»Ja, sie gab mir wichtige Ratschläge, befahl aber auch dies als Wichtigstes,
was von mir Armem stets getan werden muss:
›Suche nicht leichthin wieder die Gemeinschaft mit einem anderen,‹ sagte sie,
›damit du nicht erneut von einer rasenden Bestie erbeutet wirst.‹«

10

Ein glatzköpfiger Ritter, der an seinem Kopf Haare festzubinden
und fremde Locken auf dem kahlen Scheitel zu tragen pflegte,
kam zum Campus, auffallend in seiner glänzenden Rüstung,

et facilem frenis flectere coepit equum.
huius ab adverso Boreae spiramina perflant
ridiculum populo conspiciente caput;
nam mox deiecto nituit frons nuda galero,
discolor apposita quae fuit ante coma.
ille sagax, tantis quod risus milibus esset,
distulit admota calliditate iocum,
'quid mirum' referens 'positos fugisse capillos,
quem prius aequaevae deseruere comae?'

II

Eripiens geminas ripis cedentibus ollas
insanis pariter flumen agebat aquis.
sed diversa duas ars et natura creavit:
aere prior fusa est, altera ficta luto.
dispar erat fragili et solidae concordia motus,
incertumque vagus amnis habebat iter.
ne tamen elisam confringeret aerea testam,
iurabat solitam longius ire viam.
illa timens, ne quid levibus graviora nocerent,
et quia nulla brevi est cum meliore fides,
'quamvis securam verbis me feceris,' inquit
'non timor ex animo decutiendus erit.
nam me sive tibi, seu te mihi conferat unda,
semper ero ambobus subdita sola malis.'

12

Rusticus impresso molitus vomere terram
thesaurum sulcis prosiluisse videt.

und begann, mit den Zügeln sein flinkes Pferd Volten ausführen zu lassen.
Von vorne bliesen die Windstöße des Boreas ihn an,
und die Leute erblickten seinen lächerlichen Kopf.
Denn gleich war die Perücke herabgeworfen, und die kahle Stirn glänzte,
die vorher eine andere Farbe hatte, als das Haar hinzugefügt war.
Weil er so vielen Tausenden Grund zum Lachen gab,
lenkte er pfiffig, seine Schlauheit einsetzend, den Spott von sich ab,
und sagte: »Was Wunder, dass die aufgesetzten Haare dem entflohen,
den zuerst die gleichaltrigen im Stich ließen!«

11

Es entriss den flach abfallenden Ufern zwei Töpfe
und führte sie in den tobenden Fluten zusammen mit sich der Fluss.
Doch verschiedenes Handwerksgeschick und Material hatte sie geschaffen:
Der erste war aus Erz gegossen, der zweite aus Ton geformt.
Ungleich war für den zerbrechlichen und den festen die Harmonie der [Bewegung,
und der unstete Strom nahm einen unsicheren Weg.
Damit er jedoch den anderen Topf, wenn er an ihn stieß, nicht zerbrach,
schwor der eherne, er werde den normalen Weg weiter entfernt nehmen.
Der andere fürchtete, Schwereres könnte Leichterem irgendwie schaden,
und weil ein Schwacher kein Vertrauensverhältnis mit einem Stärkeren [hat,
sagte er: »Wenn du mich auch mit Worten sicher machst,
wird die Furcht nicht aus meinem Sinn gestoßen werden können.
Denn ob mich gegen dich oder dich gegen mich schlägt die Woge,
ich werde immer beiden Unglücksfällen allein ausgesetzt sein.«

12

Ein Bauer, der mit der eingedrückten Pflugschar die Erde aufwühlte,
sah einen Schatz aus den Furchen hervorragen.

mox indigna animo properante reliquit aratra,
semina compellens ad meliora boves.
continuo supplex Telluri construit aras,
quae sibi depositas sponte dedisset opes.
hunc Fortuna novis gaudentem provida rebus
admonet indignam se quoque ture dolens:
'nunc inventa meis non prodis munera templis
atque alios mavis participare deos;
sed cum surrepto fueris tristissimus auro,
me primam lacrimis sollicitabis inops.'

13

Immensum taurus fugeret cum forte leonem
tutaque desertis quaereret antra viis,
speluncam reperit, quam tunc hirsutus habebat
Cinyphii ductor qui gregis esse solet.
post ubi submissa meditantem irrumpere fronte
obvius obliquo terruit ore caper,
tristis abit longaque fugax de valle locutus
(nam timor expulsum iurgia ferre vetat):
'non te demissis saetosum, putide, barbis,
illum, qui superest consequiturque, tremo.
nam si discedat, nosces, stultissime, quantum
discrepet a tauri viribus hircus olens.'

14

Iuppiter in toto quondam quaesiverat orbe,
munera natorum quis meliora daret.
certatim ad regem currit genus omne ferarum,

Gleich ließ er den seiner nun unwürdigen Pflug mit aufgeregtem Herzen stehen
und trieb die Ochsen zu besserem Futter.
Sofort danach erbaute er voll Ergebenheit einen Altar für Tellus,
die ihm ja den bei ihr hinterlegten Reichtum von sich aus gegeben hatte.
Ihn in seiner Freude über seine neuen Verhältnisse ermahnte vorhersehend
Fortuna, betrübt, weil auch sie des Weihrauches nicht gewürdigt war:
»Jetzt übergibst du die gefundenen Geschenke nicht meinem Tempel
und willst lieber, dass andere Götter daran teilhaben;
aber wenn das Gold gestohlen ist und du todtraurig bist,
wirst du mich als erste unter Tränen bestürmen, weil du arm geworden bist.«

13

Als einmal ein Stier vor einem riesigen Löwen floh
und auf einsamen Wegen eine sichere Grotte suchte,
fand er eine Höhle, die damals der Struppige bewohnte,
welcher der Anführer der kinyphischen Herde zu sein pflegt.
Als er danach mit gesenkter Stirn hineinzustürzen beabsichtigte,
der Bock ihm entgegentrat, ihn schräg ansah und davonscheuchte,
ging er betrübt davon und sprach auf der Flucht von dem fernen Tal aus –
denn Furcht verbot dem Vertriebenen, einen Streit auszutragen –:
»Nicht vor dir Borstigem mit dem herabhängenden Bart, du Stinkender,
vor ihm, der mir überlegen ist und mich verfolgt, zittere ich.
Denn wenn der weggeht, wirst du erfahren, Riesendummkopf, wie sehr
sich von den Kräften eines Stiers ein stinkender Bock unterscheidet.«

14

Jupiter hatte einst auf dem ganzen Erdkreis erforscht,
wer ihm den schönsten Sohn als Geschenk geben könne.
Um die Wette lief zum König jede Art von wilden Tieren,

permixtumque homini cogitur ire pecus.
sed nec squamigeri desunt ad iurgia pisces,
vel quidquid volucrum purior aura vehit.
inter quos trepidae ducebant pignora matres,
iudicio tanti discutienda dei.
tunc brevis informem traheret cum simia natum,
ipsum etiam in risum compulit ire Iovem.
hanc tamen ante alios rupit turpissima vocem,
dum generis crimen sic abolere cupit:
'Iuppiter hoc norit, maneat victoria si quem;
iudicio superest omnibus iste meo.'

15

Threiciam volucrem fertur Iunonius ales
communi sociam continuisse cibo.
namque inter varias fuerat discordia formas,
magnaque de facili iurgia lite trahunt,
quod sibi multimodo fulgerent membra decore,
caeruleam facerent livida terga gruem.
et simul erectae circumdans tegmina caudae,
sparserat arcanum sursus in astra iubar.
illa licet nullo pennarum certet honore,
his tamen insultans vocibus usa datur:
'quamvis innumerus plumas variaverit ordo,
mersus humi semper florida terga geris;
ast ego deformi sublimis in aera penna
proxima sideribus numinibusque feror.'

und die mit dem Menschen verbundenen Tiere sahen sich hinzugehen ge-
Und weder die schuppentragenden Fische fehlten beim Wettstreit [nötigt.
noch all die Vögel, welche die reine Luft trägt.
Mitten unter ihnen führten ängstliche Mütter ihre lieben Kleinen her,
die nach dem Urteil des so mächtigen Gottes zu prüfen waren.
Als da die kleine Äffin ihren unansehnlichen Sohn herbeischleppte,
trieb sie sogar Jupiter persönlich dazu, in Lachen auszubrechen.
Die Hässliche stieß jedoch vor allen anderen diese Worte aus,
wobei sie bemüht war, so den Vorwurf gegen ihre Rasse aus der Welt zu
»Jupiter möge dies wissen, wen der Sieg erwartet; [schaffen:
nach meinem Urteil übertrifft der hier alle.«

15

Den thrakischen Vogel, so wird erzählt, hielt der Vogel der Juno
von der Teilnahme am gemeinsamen Mahl fern.
Denn es gab Zwietracht über ihre verschiedenen Arten von Aussehen,
und sie zogen einen großen Streit über einen leichten Fall in die Länge,
weil ihm, ⟨so er⟩, die Glieder in vielfältiger Pracht glänzen würden,
dem Kranich aber der dunkle Rücken eine schwarze Farbe gebe.
Und indem er zugleich das Federkleid seines Schwanzes aufrichtete und entfaltete,
verstreute er wiederum Glanz, der sonst verborgen war, bis hinauf zu den Sternen.
Auch wenn jener mit der Pracht der Federn nicht wetteifern konnte,
verspottete er ihn dennoch, wobei er, wie es heißt, diese Worte gebrauchte:
»Mag auch eine unzählbare Anordnung die Federn verschieden gefärbt
du trägst stets auf die Erde gesunken deinen geblümten Rücken; [haben,
doch ich werde von meinen hässlichen Federn hoch in die Luft
in nächste Nähe zu den Gestirnen und den Göttern getragen.«

16

Montibus e summis radicitus eruta quercus
decidit, insani turbine victa Noti.
quam tumidis subter decurrens alveus undis
suscipit et fluvio praecipitante rapit.
verum ubi diversis impellitur ardua ripis,
in fragiles calamos grande residit onus.
tunc sic exiguo conectens caespite ramos
miratur liquidis quod stet harundo vadis:
se quoque tam vasto necdum consistere trunco,
ast illam tenui cortice ferre minas.
stridula mox blando respondens canna susurro
seque magis tutam debilitate docet:
'tu rabidos' inquit 'ventos saevasque procellas
despicis et totis viribus acta ruis;
ast ego surgentes paulatim demoror Austros,
et quamvis levibus provida cedo Notis.
in tua praeruptus offendit robora nimbus;
motibus aura meis ludificata perit.'
haec nos dicta monent magnis obsistere frustra
paulatimque truces exsuperare minas.

17

Venator iaculis haud irrita vulnera torquens
turbabat rapidas per sua lustra feras.
tum pavidis audax cupiens succurrere tigris
verbere commotas iussit abesse minas.
ille tamen solito contorquens tela lacerto:
'nunc tibi, qualis ego, nuntius iste refert.'
et simul emissum transegit vulnera ferrum

16

Von der Höhe der Berge stürzte eine mit den Wurzeln herausgerissene
Eiche herab, überwunden vom Wirbelwind des rasenden Notus.
Die nahm ein Fluss auf, der unten mit aufwallenden Wogen
dahinfloss, und riss sie im dahinstürzenden Strom mit sich.
Aber als sie, hochragend wie sie war, an verschiedene Ufer gestoßen wurde,
kam ihre große Last in zerbrechlichen Schilfrohren zur Ruhe.
Als sie da also ihre Zweige mit deren winzigem Wurzelbüschel verflocht,
wunderte sie sich, dass das Schilfrohr fest im fließenden Wasser stand:
Sie selbst könne trotz ihres so gewaltigen Stammes nicht fest stehen,
doch jenes halte mit dünner Rinde die Bedrohungen aus.
Gleich antwortete das knarrende Rohr mit schmeichelndem Flüstern
und legte dar, dass es sicherer aufgrund seiner Schwäche sei.
»Du verachtest«, sagte es, »die wilden Winde und grimmigen
Stürme und stürzt doch nieder, bewegt von ihrer ganzen Wucht;
doch ich halte nach und nach den sich erhebenden Auster ab
und gebe vorausschauend dem Notus nach, wenn er auch noch so lind ist.
In deinen Stamm schlägt herabstürzend der Regen;
durch meine Bewegungen verspottet vergeht das Wehen.«
Diese Worte mahnen uns, dass wir den Mächtigen vergeblich widerstehen
und wilde Drohungen nach und nach überwinden.

17

Ein Jäger, der mit seinem Spieß nicht unwirksame Wunden schlug,
versetzte die Raubtiere in ihren Schlupfwinkeln in Unruhe.
Da gebot ihm der kühne Tiger, der den Ängstlichen helfen wollte,
die durch seine Verwundungen hervorgerufenen Drohungen sollten aufhö-
Doch der sagte, während er mit dem Arm wie üblich sein Geschoss [ren.
»Jetzt verkündet dir dieser Bote, von welcher Art ich bin!« [schleuderte:
Und zugleich durchbohrte das abgeworfene Eisen den mit einer Wunde,

perstrinxitque citos hasta cruenta pedes.
molliter affixum traheret cum saucia telum,
a trepida fertur vulpe retenta diu,
dum quisnam ille foret, qui talia vulnera ferret,
aut ubinam iaculum delituisset agens.
illa gemens fractoque loqui vix murmure coepit
(nam solitas voces ira dolorque rapit):
'nulla quidem medio convenit in aggere forma
quaeque oculis olim sit repetenda meis,
sed cruor et validis in nos directa lacertis
ostendunt aliquem tela fuisse virum.'

18

Quattuor immensis quondam per prata iuvencis
fertur amicitiae tanta fuisse fides,
ut simul emissos nullus divelleret error,
rursus et e pastu turba rediret amans.
hos quoque collatis inter se cornibus ingens
dicitur in silvis pertimuisse leo,
dum metus oblatam prohibet temptare rapinam
et coniuratos horret adire boves.
sed quamvis audax factisque immanior esset,
tantorum solus viribus impar erat.
protinus aggreditur pravis insistere verbis,
collisum cupiens dissociare pecus.
sic postquam dictis animos disiunxit acerbis,
invasit miserum diripuitque gregem.
tunc quidam ex illis: 'vitam servare quietam
qui cupiet, nostra discere morte potest;

und es verletzte die blutige Lanze seine schnellen Füße.
Während der Verwundete schwächlich das festsitzende Geschoss mitschleifte,
wurde er, wie erzählt wird, von dem ängstlichen Fuchs lange aufgehalten,
wobei ⟨der fragte⟩, wer denn der sei, der solche Wunden schlage,
oder wo er denn verborgen gewesen sei, als er seinen Spieß schleuderte.
Der stöhnte und begann mit gebrochenem Knurren zu sprechen –
denn die gewohnte Stimme raubten ihm Zorn und Schmerz –:
»Keine Gestalt zwar begegnete mir mitten auf der Straße
die ich mit den Augen eines Tages in die Erinnerung rufen könnte;
doch das Blut und das mit starken Armen auf mich gelenkte
Geschoss zeigen, dass es irgendein Mann war.«

18

Unter vier riesigen Jungstieren auf der Wiese herrschte einst,
wie erzählt wird, ein so starkes Treuebündnis der Freundschaft,
dass, waren sie zugleich hinausgeschickt, das Herumstreifen sie nicht auseinanderriss
und wieder von der Weide die Schar in gegenseitiger Liebe zurückkehrte.
Wenn sie ihre Hörner in einer Reihe vereinten, fürchtete sie sehr,
wie erzählt wird, ein gewaltiger Löwe im Wald,
solange Furcht ihn hinderte, den Raub, der sich ihm bot, zu versuchen,
und er Angst hatte, sich den miteinander verschworenen Rindern zu nähern.
Doch wenn er auch kühn war und noch schrecklicher in seinen Taten,
war er allein den Kräften der so Starken nicht gewachsen.
Sogleich machte er sich daran, sie mit bösen Worten zu bedrängen,
weil er ihre Herde zusammenstoßen lassen und spalten wollte.
Nachdem er so ihre Herzen mit bitteren Worten voneinander getrennt hatte,
überfiel er die arme Schar und riss sie in Stücke.
Da sagte einer von ihnen: »Wer sich ein ruhiges Leben zu bewahren
wünscht, kann aus unserem Tod lernen;

neve cito admotas verbis fallacibus aures
    impleat aut veterem deserat ante fidem.'

19

Horrentes dumos abies pulcherrima risit,
    cum facerent formae iurgia magna suae,
indignum referens cunctis certamen haberi,
    quod meritis nullus consociaret honor:
'nam mihi deductum surgens in nubila corpus
    verticis erectas tollit in astra comas,
puppibus et patulis media cum sede locamur,
    in me suspensos explicat aura sinus.
at tibi deformem quod dant spineta figuram,
    despectum cuncti praeteriere viri.'
ille refert: 'nunc laeta quidem bona sola fateris
    et nostris frueris imperiosa malis;
sed cum pulchra minax succidet membra securis,
    quam velles spinas tunc habuisse meas!'

20

Piscator solitus praedam suspendere saeta
    exigui piscis vile trahebat onus.
sed postquam superas captum perduxit ad auras
    atque avido fixum vulnus ab ore tulit:
'parce, precor,' supplex lacrimis ita dixit obortis
    'nam quanta ex nostro corpore damna feres?
nunc me saxosis genitrix fecunda sub antris
    fudit et in propriis ludere iussit aquis.

weder soll er rasch seine Ohren trügerischen Worten zuwenden
und sie damit füllen noch ein altes Treuebündnis vorzeitig aufgeben.«

19

Den struppigen Dornbusch lachte die wunderschöne Tanne aus,
als sie ein gewaltiges Streitgespräch wegen ihres Aussehens führten,
wobei sie sagte, der Wettstreit werde von allen für unstatthaft gehalten,
da sie keine Ehrung aufgrund von Verdiensten verbinde:
»Denn mir steigt der schlanke Körper zu den Wolken auf
und erhebt die aufgerichteten Haare des Scheitels zu den Sternen,
und wenn ich auf dem offenen Deck mittendrin aufgestellt werde,
entfaltet der Wind die an mir aufgehängten Segel.
Aber weil dir die Dornen eine hässliche Gestalt geben,
verachten dich alle Menschen und gehen an dir vorbei.«
Jener sagte: »Jetzt zwar verkündest du freudig nur deine Vorzüge
und genießt von oben herab meine Nachteile;
aber wenn die drohende Axt deine schönen Glieder abhaut,
wie gerne hättest du dann meine Dornen gehabt!«

20

Ein Fischer, der seine Beute mit einer Rosshaarschnur emporzuheben
zog die wertlose Last eines winzigen Fisches hoch. [pflegte,
Aber nachdem er den Gefangenen nach oben an die Luft befördert
und aus dem gierigen Maul den darin haftenden Köder genommen hatte,
sprach jener bittflehend so, wobei ihm die Tränen kamen: »Schone mich
denn welch großen Verlust wirst du wegen meines Leibes erleiden? [bitte,
Jetzt gerade hat meine fruchtbare Mutter mich in einer Felsenhöhle
zur Welt gebracht und mir in eigenen Gewässern zu spielen befohlen.

tolle minas tenerumque tuis sine crescere mensis;
haec tibi me rursum litoris ora dabit.
protinus immensi depastus caerula ponti
pinguior ad calamum sponte recurro tuum.'
ille nefas captum referens absolvere piscem,
difficiles queritur casibus esse vices:
'nam miserum est' inquit 'praesentem amittere praedam,
stultius et rursum vota futura sequi.'

21

Parvula progeniem terrae mandaverat ales,
qua stabat viridi caespite flava seges.
rusticus hanc fragili cupiens decerpere culmo,
vicinam supplex forte petebat opem.
sed vox implumes turbavit credula nidos
suaserat et laribus continuare fugam.
cautior hos remeans prohibet discedere mater:
'nam quid ab externis perficietur?' ait.
ille iterum caris operam mandavit amicis.
at genetrix rursum tutior inde manet.
sed postquam curvas dominum comprendere falces
frugibus et veram sensit adesse manum:
'nunc,' ait 'o miseri, dilecta relinquite rura,
cum spem de propriis viribus ille petit.'

22

Iuppiter ambiguas hominum praediscere mentes
ad terras Phoebum misit ab arce poli.

Weg mit deinen Drohungen, lass mich Zarten für deinen Tisch heran-
dieser Uferrand wird mich dir wiederum geben. [wachsen;
Bald, wenn ich mich vom Blau des unermesslichen Meeres genährt habe,
eile ich von mir aus fetter zu deiner Angel zurück.«
Der sagte, es sei ein Frevel, einen gefangenen Fisch freizulassen,
und klagte, dass Zufälle schwierige Wechselfälle hätten.
»Denn es ist schade«, sagte er, »Beute, die da ist, zu verlieren,
und ziemlich dumm, wieder Wünschen für die Zukunft nachzugehen.«

21

Ein winziger Vogel hatte seine Jungen dem Erdboden dort anvertraut,
wo auf grünem Rasen die goldgelbe Saat stand.
Der Bauer, der sie vom zerbrechlichen Halm pflücken wollte,
bat gerade flehend um nachbarschaftliche Hilfe.
Aber seine Worte beunruhigten die federlosen Nestlinge als glaubwürdig
und rieten dazu, sofort aus dem Heim zu fliehen.
Vorsichtiger als sie, hinderte die zurückkehrende Mutter sie daran, wegzu-
gehen:
»Denn was wird von Außenstehenden zu Ende gebracht werden?« sprach
Der vertraute den lieben Freunden wiederum die Arbeit an. [sie.
Doch die Erzeugerin, wieder sicherer, blieb deshalb dort.
Aber nachdem sie gemerkt hatte, dass der Herr zu den krummen Sicheln
griff und seine wahre Hand bei den Früchten war,
sagte sie: »Jetzt, ihr Armen, verlasst die geliebten Felder,
da er Erfüllung seiner Hoffnung aus eigenen Kräften erstrebt.«

22

Jupiter sandte, um die schwankenden Sinne der Menschen
kennenzulernen, Phöbus von der Himmelsburg zur Erde.

tunc duo diversis poscebant numina votis:
    namque alter cupidus, invidus alter erat.
his sese medium Titan, scrutatus utrumque,
    obtulit et, precibus ut peteretur, ait:
'praestandi facilis: nam quaeque rogaverit unus,
    protinus haec alter congeminata feret.'
sed cui longa iecur nequeat satiare cupido,
    distulit admotas in nova damna preces,
spem sibi confidens alieno crescere voto
    seque ratus solum munera ferre duo.
ille ubi captantem socium sua praemia vidit,
    supplicium proprii corporis optat ovans:
nam petit exstinctus ut lumine degeret uno,
    alter ut hoc duplicans vivat utroque carens.
tum sortem sapiens humanam risit Apollo,
    invidiaeque malum retulit ipse Iovi,
quae, dum proventis aliorum gaudet iniquis,
    laetior infelix et sua damna cupit.

23

Venditor insignem referens de marmore Bacchum
    expositum pretio fecerat esse deum.
nobilis hunc quidam funesta in sede sepulcri
    mercari cupiens compositurus erat;
alter adoratis ut ferret numina templis
    redderet et sacro debita vota loco.
'nunc' ait 'ambiguum facies de mercibus omen,
    cum spes in pretium munera dispar agit,
et me defunctis seu malis tradere divis,

Da verlangten gerade zwei mit verschiedenen Wünschen etwas von den
denn der eine war gierig, der andere neidisch. [Göttern;
Ihnen bot sich Titan, der beide prüfen wollte, als
Vermittler an, und um mit Gebeten angegangen zu werden, sprach er:
»Ich bin zum Gewähren leicht bereit: Denn was der eine erbittet,
das wird sogleich der andere doppelt davontragen.«
Nun, der, dem seine riesige Gier die Leber nicht befriedigen konnte,
schob unter außerordentlichem Verlust die Verrichtung der Gebete auf,
wobei er
darauf baute, durch des anderen Wunsch werde der erhoffte Gegenstand
für ihn größer,
und glaubte, er allein werde zwei Geschenke davontragen
Als der andere sah, dass sein Gefährte nach seiner Belohnung haschte,
wünschte er sich triumphierend eine Bestrafung seines eigenen Körpers;
denn er bat, er möge erblindet auf einem Auge weiterleben,
damit der andere, wenn er dies verdopple, ohne beide lebe.
Da lachte Apollo, weise geworden über das menschliche Schicksal,
und berichtete persönlich Jupiter über das Übel des Neides,
der, während er sich über negative Erträge anderer freut,
umso freudiger unglücklich ist und seinen eigenen Verlust begehrt.

23

Ein Händler, der einen schönen Bacchus aus Marmor geformt hatte,
hatte den Gott für einen Kaufpreis ausgestellt.
Ein Adliger wollte den kaufen, weil er ihn an der
Trauerstätte eines Grabmals aufstellen wollte,
ein anderer, um den Gott zu einem von ihm verehrten Tempel zu bringen
und ein dem heiligen Ort geschuldetes Gelübde einzulösen.
»Jetzt«, sprach er, »wirst du einen zweideutigen Bescheid über die Ware
da ungleiche Erwartungen einen Preis auf dein Werk setzen: [geben,
Du könntest mich lieber den Toten oder den Göttern übergeben wollen,

sive decus busti, seu velis esse deum.
subdita namque tibi est magni reverentia fani,
atque eadem retines funera nostra manu.'
convenit hoc illis, quibus est permissa potestas,
an praestare magis seu nocuisse velint.

24

Certamen longa protractum lite gerebant
venator quondam nobilis atque leo.
hi cum perpetuum cuperent in iurgia finem,
edita continuo forte sepulcra vident.
illic docta manus flectentem colla leonem
fecerat in gremio procubuisse viri.
scilicet affirmans pictura teste superbum
se fieri: 'exstinctam nam docet esse feram.'
ille graves oculos ad inania signa retorquens
infremit et rabido pectore verba dedit:
'irrita te generis subiit fiducia vestri,
artificis testem si cupis esse manum.
quod si nostra novum caperet sollertia sensum,
sculperet ut docili pollice saxa leo,
tunc hominem aspiceres oppressum murmure magno,
conderet ut rabidis ultima fata genis.'

25

Flens puer extremam putei consedit ad undam,
vana supervacuis rictibus ora trahens.

könntest wollen, dass ich Grabschmuck bin oder ein Gott.
Denn anheimgestellt ist dir die Ehrfurcht vor einem großen Heiligtum,
und ebenso hältst du mein Begräbnis in der Hand.«
Dies passt zu denen, denen die Macht darüber übertragen ist,
ob sie lieber nützen oder schaden wollen.

24

Ein durch langes Streiten hingezogenes Wortgefecht lieferten sich
einst ein vornehmer Jäger und ein Löwe.
Als sie ein permanentes Ende für ihre Kontroverse wünschten,
sahen sie gerade da zufällig ein hochragendes Grabmal.
Dort hatte eine kunstreiche Hand einen Löwen, der den Nacken beugte
und im Schoß eines Mannes unterlag, dargestellt.
Natürlich behauptete er, durch das Zeugnis des Bildes werde er als
überlegen dargestellt: »Denn es zeigt, dass das Tier tot ist.«
Der andere drehte seine wilden Augen zu den trügerischen Beweisen,
brüllte und sprach aus wütendem Herzen die Worte:
»Nichtiges Vertrauen auf eure Rasse beschleicht dich,
wenn du glaubst, die Hand eines Künstlers sei ein Zeuge.
Wenn aber unsere Begabung einen neuen Sinnesbereich erfassen würde,
so dass ein Löwe mit gelehrigem Daumen etwas in Steine meißeln könnte,
dann erblicktest du einen Menschen, wie er, überwältigt von lautem
sein Schicksal in rasenden Kinnbacken besiegelt.« [Gebrüll,

25

Weinend setzte sich ein Junge auf den Rand des Wassers eines Brunnens,
wobei er den Mund aufsperrte und das lügnerische Gesicht zu einer Fratze verzog.

callidus hunc lacrimis postquam fur vidit obortis,
  quaenam tristitiae sit modo causa rogat.
ille sibi abrupti fingens discrimina funis
  atque auri queritur desiluisse cadum.
nec mora, sollicitam traxit manus improba vestem:
  exutus putei protinus ima petit.
parvulus exiguo circumdans pallia collo,
  sentibus immersus delituisse datur.
sed post fallaci suscepta pericula voto
  tristior amissa veste resedit humi.
dicitur his sollers vocem rupisse querellis,
  et gemitu summos sollicitasse deos:
'perdita, quisquis erit, posthac bene pallia credat,
  qui putat in liquidis quod natet urna vadis.'

26

Viderat excelsa pascentem rupe capellam,
  comminus esuriens cum leo ferret iter.
et prior: 'heus,' inquit 'praeruptis ardua saxis
  linque, nec hirsutis pascua quaere iugis;
sed cytisi croceum per prata virentia florem
  et glaucas salices et thyma grata pete.'
illa gemens: 'desiste, precor, fallaciter' inquit
  'securam placidis insimulare dolis.
vera licet moneas, maiora pericula tollas,
  tu tamen his dictis non facis esse fidem.
nam quamvis rectis constet sententia verbis,
  suspectam hanc rabidus consiliator habet.'

Nachdem ein schlauer Dieb ihn mit den Tränen, die ihm kamen, erblickt
fragte er gleich, was denn der Grund für seinen Kummer sei. [hatte,
Der gab vor, sein Seil sei entzwei gerissen,
und er klagte, ein Krug aus Gold sei hinabgesprungen.
Unverzüglich zog die ruchlose Hand die hinderliche Kleidung ab:
Ausgezogen eilte der sofort zur Tiefe des Brunnens.
Der Kleine legte den Mantel um seinen winzigen Hals,
tauchte weg in die Dornbüsche und verschwand, wie man erzählt.
Doch nach der mit trügerischem Wunsch auf sich genommenen Gefahr
saß der sehr bekümmert, weil er seine Kleidung verloren hatte, auf der
Erde.
Der Durchtriebene ließ, wie erzählt wird, seine Stimme in diese Klagen
und mit Jammern die höchsten Götter anflehen: [ausbrechen
»Wer immer er sein wird, soll hiernach glauben, seinen Mantel verdient
verloren zu haben,
der denkt, dass in klarem Wasser ein Topf schwimme.«

26

Erblickt hatte er von einem hohen Felsen aus die weidende Ziege,
als in ihrer Nähe hungrig der Löwe seines Weges ging.
Und er sprach zuerst: »Heda, verlass die Steilhöhe mit den schroffen
Felsen und suche nicht auf struppigen Bergjochen dein Futter;
nein, nach der gelben Blüte des Schneckenklees auf grünen Wiesen,
graugrüner Weide und lieblichem Thymian strebe!«
Die sagte seufzend: »Hör auf, ich bitte dich, trügerisch
mit sanften Listen vorzugeben, ich sei in Sicherheit.
Magst du auch Wahres raten, eine größere Gefahr von mir fernhalten,
du bewirkst dennoch nicht durch diese Worte, dass Vertrauen da ist.
Denn auch wenn die Aussage auf richtigen Worten fußt,
macht der grimmige Ratgeber sie verdächtig.«

27

Ingentem sitiens cornix aspexerat urnam,
quae minimam fundo continuisset aquam.
hanc enisa diu planis effundere campis,
scilicet ut nimiam pelleret inde sitim,
postquam nulla viam virtus dedit, admovet omnes
indignata nova calliditate dolos.
nam brevis immersis accrescens sponte lapillis
potandi facilem praebuit unda viam.
viribus haec docuit quam sit prudentia maior,
qua coeptum volucris explicuisset opus.

28

Vincla recusanti dedignantique iuvenco
aspera mordaci subdere colla iugo
rusticus obliqua succidens cornua falce
credidit insanum defremuisse pecus,
cautus et immenso cervicem innectit aratro
(namque erat hic cornu promptior atque pede),
scilicet ut longus prohiberet verbera temo
neve ictus faciles ungula saeva daret.
sed postquam irato detractans vincula collo
immeritam vacua calce fatigat humum,
continuo eversam pedibus dispergit harenam,
quam ferus in domini ora sequentis agat.
tum sic informi squalentes pulvere crines
discutiens imo pectore victus ait:
'nimirum exemplum naturae derat iniquae,
qua fieri posset cum ratione nocens.'

27

Einen gewaltigen Krug hatte die dürstende Krähe erblickt
der sehr wenig Wasser am Boden enthielt.
Den auf das flache Feld auszuschütten, strengte sie sich lange an,
natürlich um so ihren sehr starken Durst zu vertreiben,
aber nachdem die Anstrengung den Weg nicht gezeigt hatte, wandte sie
alle Listen mit außerordentlicher Schlauheit an. [verärgert
Denn das niedrige Wasser stieg von selbst an, als sie Steinchen
eingetaucht hatte, und gewährte einen leichten Weg zum Trinken.
Die hier hat gelehrt, wie viel größer als Kraft die Klugheit ist,
mit der die Krähe das begonnene Werk zu Ende führte.

28

Einem Jungstier, der Stricke verweigerte und es verschmähte,
seinen widerspenstigen Hals dem Biss des Jochs zu unterwerfen,
schnitt der Bauer mit schräg angesetzter Sichel die Hörner ab,
glaubte, das rasende Tier habe sich ausgetobt,
und befestigte vorsichtig dessen Nacken an einem riesigen Pflug –
denn der war allzu bereit mit Horn und Fuß –,
natürlich damit die lange Deichsel Schläge abwehrte
und nicht leicht Stöße versetzte der grimmige Huf.
Aber nachdem er sich mit wütendem Hals gegen die Stricke gewehrt
und den unschuldigen Boden mit den freien Hufen gequält hatte,
verstreute er sogleich mit den Füßen den aufgewühlten Sand,
den er, wild, wie er war, ins Gesicht des ihm folgenden Herrn lenkte.
Da sprach der, während er seine vom hässlichen Staub
schmutzigen Haare schüttelte, besiegt aus der Tiefe seiner Seele so:
»Klar, mir fehlte noch das Beispiel eines bösen Charakters dafür,
auf welche Weise einer schädlich werden kann.«

29

Horrida congestis cum staret bruma pruinis
cunctaque durato stringeret arva gelu,
haesit in adversa nimborum mole viator;
perdita nam prohibet semita ferre gradum.
hunc nemorum custos fertur miseratus in antro
exceptum Satyrus continuisse suo.
quem simul aspiciens ruris miratur alumnus
vimque homini tantam protinus esse pavet.
nam gelidos artus vitae ut revocaret in usum,
afflatas calido solverat ore manus.
sed cum depulso coepisset frigore laetus
hospitis eximia sedulitate frui
(namque illi agrestem cupiens ostendere vitam,
silvarum referens optima quaeque dabat),
obtulit et calido plenum cratera Lyaeo,
laxet ut infusus frigida membra tepor.
ille ubi ferventem labris contingere testam
horruit, algenti rursus ab ore sufflat.
obstipuit duplici monstro perterritus hospes,
et pulsum silvis longius ire iubet:
'nolo,' ait 'ut nostris unquam succederet antris,
tam diversa duo qui simul ora ferat.'

30

Vastantem segetes et pinguia culta ruentem
liquerat abscisa rusticus aure suem,
ut memor accepti referens monumenta doloris
ulterius teneris parceret ille satis.
rursus in exce⟨r⟩pti deprehensus crimine campi

29

Als der raue Winter unter aufgehäuftem Schnee andauerte
und alle Felder durch verhärtetes Eis fesselte,
hing in einer widrigen Nebelbank ein Wanderer fest;
denn das Verschwinden des Pfads hinderte ihn weiterzuschreiten.
Seiner erbarmte sich, so wird erzählt, ein Wächter der Wälder, ein
Satyr, nahm ihn in seiner Höhle auf und behielt ihn bei sich.
Sobald er ihn betrachtete, wunderte sich der Zögling des Landes
und hatte sogleich Angst vor der großen Macht des Menschen.
Denn um seine eisigen Glieder zum Gebrauch im Leben zurückzurufen,
hatte der seine Hände angeblasen und mit dem warmen Mund aufgetaut.
Aber als er nach der Vertreibung der Kälte fröhlich begonnen hatte,
die außerordentliche Beflissenheit des Gastgebers zu genießen –
denn weil der ihm das ländliche Leben zeigen wollte,
brachte er und gab ihm gerade das Beste aus den Wäldern –,
setzte der ihm einen mit warmem Wein gefüllten Mischkrug vor,
damit die hineingeströmte Hitze die kalten Glieder lockere.
Da er sich fürchtete, den glühenden Becher mit den Lippen
zu berühren, blies er wiederum aus kaltem Mund.
Es erstarrte, heftig erschreckt durch das doppelte Wunder, der Gastgeber,
verwies ihn aus dem Wald und befahl ihm, sehr weit weg zu gehen.
»Ich will nicht«, sprach er, »dass jemals meine Höhle betritt,
wer gleichzeitig zwei so verschiedene Münder hat.«

30

Weil es seine Saaten verwüstete und auf seine fetten Felder trampelte,
hatte der Bauer dem Schwein ein Ohr abgeschnitten und es laufen lassen,
damit es, wenn es das Mahnmal des empfangenen Schmerzes heimtrage,
in Erinnerung daran künftig die zarten Saaten verschone.
Wiederum beim Verbrechen des Aufwühlens eines Feldes ertappt,

perdidit indultae perfidus auris onus.
nec mora, praedictae segeti caput intulit horrens,
poena sed indignum congeminata facit.
tunc domini captum mensis dedit ille superbis,
in varias epulas plurima frusta secans.
sed cum consumpti dominus cor quaereret apri,
impatiens fertur quod rapuisse coquus,
rusticus hoc iustam verbo compescuit iram,
affirmans stultum non habuisse suem:
'nam cur membrorum demens in damna redisset,
atque uno toties posset ab hoste capi?'
haec illos descripta monent, qui saepius ausi
nunquam peccatis abstinuere manus.

31

Ingentem fertur mus quondam parvus oberrans
ausus ab exiguo laedere dente bovem.
verum ubi mordaci confecit vulnera rostro,
tutus in amfractus conditur inde suos.
ille licet vasta torvum cervice minetur,
non tamen iratus quem petat esse videt.
tunc indignantem iusto sermone fatigans
distulit hostiles calliditate minas:
'non quia magna tibi tribuerunt membra parentes,
viribus effectum constituere tuis.
disce tamen brevibus quae sit fiducia monstris,
ut faciat quidquid parvula turba cupit.'

verlor das Treulose die Last des noch zugestandenen Ohrs.
Ohne Verzug steckte es den struppigen Kopf in die erwähnte Saat,
aber die doppelte Strafe machte es ungeeignet.
Da fing er es, gab es her für den prachtvollen Tisch seines Herrn
und schnitt es für die verschiedenen Gänge in sehr viele Stückchen.
Aber als der Herr nach dem Herzen des verzehrten Ebers forschte,
das, wie erzählt wird, der ungeduldige Koch geraubt hatte,
besänftigte der Bauer mit diesen Worten seinen berechtigten Zorn,
indem er behauptete, das Schwein, dumm, wie es sei, habe keines gehabt.
»Denn warum wäre es töricht zum Verlust seiner Glieder zurückgekehrt
und hätte so oft von einem einzigen Feind gefangen werden können?«
Das hier Niedergeschriebene ermahnt die, welche es öfters wagen
und niemals von Verfehlungen ihre Hände fernhalten.

31

Einen riesigen Ochsen wagte einst, wie erzählt wird, eine kleine
Maus, die umherschweifte, mit ihrem winzigen Zahn zu verletzen.
Doch als sie mit bissiger Schnauze das Verwunden beendet hatte,
verbarg sie sich darauf sicher in den Windungen ihres Lochs.
Obwohl der mit gewaltigem Nacken schrecklich drohte,
sah er in seinem Zorn dennoch nicht, wen er angreifen sollte.
Da verspottete sie den Verärgerten mit einer gerechten Rede,
und wandte mit ihrer Schlauheit die feindlichen Drohungen von sich ab:
»Dass deine Eltern dir gewaltige Gliedmaßen übertrugen, heißt nicht,
dass sie deinen Kräften Wirkung verliehen.
Lerne dennoch, welche Zuversicht die kleinen Monster haben,
so dass die kleine Schar machen kann, was sie will.«

32

Haerentem luteo sub gurgite rusticus axem
    liquerat et nexos ad iuga tarda boves,
frustra depositis confidens numina votis
    ferre suis rebus, cum resideret, opem.
cui rector summis Tirynthius infit ab astris
    (nam vocat hunc supplex in sua vota deum):
'perge laborantes stimulis agitare iuvencos,
    et manibus pigras disce iuvare rotas.
tunc quoque congressum maioraque viribus ausum
    fas superos animis conciliare tuis.
disce tamen pigris non flecti numina votis,
    praesentesque adhibe, cum facis ipse, deos.'

33

Anser erat cuidam pretioso germine feta
    ovaque quae nidis aurea saepe daret.
fixerat hanc volucri legem Natura superbae,
    ne liceat pariter munera ferre duo.
sed dominus, cupidum sperans vanescere votum,
    non tulit exosas in sua lucra moras,
grande ratus pretium volucris de morte referre,
    quae tam continuo munere dives erat.
postquam nuda minax egit per viscera ferrum
    et vacuam solitis fetibus esse videt,
ingemuit tantae deceptus crimine fraudis;
    nam poenam meritis rettulit inde suis.
sic qui cuncta deos uno male tempore poscunt,
    iustius his etiam vota diurna negant.

32

Seinen in einem schlammigen Tümpel festhängenden Wagen und
die ans Joch, das sie aufhielt, gebundenen Rinder hatte ein Bauer stehen
lassen,
vergeblich darauf bauend, die Götter würden, weil er ihnen seine Gebete an-
ihm in seiner Lage Hilfe bringen, während er untätig dasaß. [vertraute,
Zu ihm sprach der tirynthische Herrscher hoch oben von den Sternen –
denn er rief diesen Gott bittflehend zur Erfüllung seiner Gebete –:
»Also los, treibe deine sich abmühenden Jungstiere mit Stacheln an,
und lerne, mit deinen Händen die faulen Räder zu unterstützen.
Dann, wenn du es angepackt und gewagt hast, was über deine Kräfte geht,
ist es auch statthaft, die Himmlischen für deine Wünsche zu gewinnen.
Lerne aber, dass die Götter sich nicht den Gebeten der Faulen beugen,
und ziehe die Götter als Helfer heran, wenn du selbst handelst.«

33

Einer hatte eine mit kostbarem Nachwuchs fruchtbare Gans,
die oft goldene Eier ins Nest legte.
Natur hatte dieses Gesetz für den prächtigen Vogel festgelegt,
dass er nicht gleichzeitig zwei Gaben bringen dürfe.
Aber ihr Besitzer, der fürchtete, dass dahinschwinden würde, was er gierig
ertrug nicht die verhasste Verzögerung seines Gewinns, [wünschte,
und er glaubte, er könne einen hohen Geldwert durch den Tod des Vogels
der an so permanenten Geschenken reich war. [heimbringen,
Nachdem er sein drohendes Eisen durch den nackten Unterleib getrieben
und gesehen hatte, dass sie leer war von der gewohnten Frucht,
jammerte er, getäuscht, über sein Verbrechen, das ihn um so viel betrog;
denn so erhielt er eine seiner Schuld angemessene Strafe.
So versagen denen, die üblerweise von den Göttern alles auf einmal
fordern, diese umso berechtigter auch die täglichen Wünsche.

34

Quisquis torpentem passus transisse iuventam
nec timuit vitae providus ante mala,
confectus senio, postquam gravis affuit aetas,
heu frustra alterius saepe rogabit opem.
solibus ereptos hiemi formica labores
distulit et brevibus condidit ante cavis.
verum ubi candentes suscepit terra pruinas
arvaque sub rigido delituere gelu,
pigra nimis tanto non aequans corpore nimbos
in propriis laribus umida grana legit.
decolor hanc precibus supplex alimenta rogabat,
quae quondam querulo ruperat arva sono:
se quoque, maturas cum tunderet area messes,
cantibus aestivos explicuisse dies.
parvula tunc ridens sic est affata cicadam
(nam vitam pariter continuare solent):
'mi quoniam summo substantia parta labore est,
frigoribus mediis otia longa traho.
at tibi saltandi nunc ultima tempora restant,
cantibus est quoniam vita peracta prior.'

35

Fama est quod geminum profundens simia partum
dividat in varias pignora nata vices.
namque unum caro genetrix educit amore,
alterius odiis exsaturata tumet.
coeperit ut fetam gravior terrere tumultus,
dissimili natos conditione rapit:

34

Wer seine Jugend in Untätigkeit hat verstreichen lassen
und sich nicht vorausschauend vorher vor den Widrigkeiten des Lebens
gefürchtet hat,
der wird, vom Alter geschwächt, nachdem die schwere Zeit gekommen ist,
ach, oft vergeblich die Hilfe eines anderen erbitten.
Die an Sonnentagen erbeuteten Früchte ihrer Arbeit reservierte für den
die Ameise und barg sie frühzeitig in ihrer kleinen Höhle [Winter
Doch sobald die Erde den weiß glänzenden Schnee auf sich nahm
und die Felder unter dem starren Eis verborgen waren,
zog sie, ganz untätig, weil sie mit dem so kleinen Leib die Unwetter
nicht aushielt, im eigenen Heim die feuchten Körner heraus.
Die Entfärbte bettelte sie flehend mit ihren Bitten um Nahrung an,
sie, die zuvor mit klagenden Lauten die Felder zum Bersten gebracht hatte:
Auch sie habe, als die Tenne die reife Ernte drosch,
mit ihren Gesängen die Sommertage bis zum Ende verbracht.
Da lachte die Winzige und redete so die Zikade an –
denn sie pflegen ihr Leben in gleicher Weise weiterzuführen –:
»Weil von mir die Existenzgrundlage in schwerster Arbeit erworben wurde,
ziehe ich mitten im Frost die Tage der Ruhe in die Länge.
Doch dir bleiben nun deine letzten Tage für das Tanzen übrig,
weil dein früheres Leben mit Gesängen verbracht wurde.«

35

Es heißt, dass die Äffin, wenn sie eine Zwillingsbrut zur Welt bringt,
die Lieben, die sie geboren hat, verschiedenen Geschicken zuweist.
Denn den einen zieht die Mutter mit zärtlicher Liebe auf,
gegenüber dem anderen ist sie von übermäßigem Hass geschwollen.
Wenn ein sehr heftiger Angriff sie, die grad gebar, in Schrecken versetzt,
reißt sie ihre Söhne auf verschiedene Weise mit sich fort:

dilectum manibus vel pectore gestat amico,
    contemptum dorso suscipiente levat.
sed cum lassatis nequeat consistere plantis,
    oppositum fugiens sponte remisit onus.
alter ab hirsuto circumdans brachia collo
    haeret et invita cum genetrice fugit.
mox quoque dilecti succedit in oscula fratris,
    servatus vetulis unicus heres avis.
sic multos neglecta iuvant atque ordine verso
    spes humiles rursus in meliora refert.

36

Pulcher et intacta vitulus cervice resultans
    scindentem assidue viderat arva bovem.
'non pudet, heus,' inquit 'longaevo vincula collo
    ferre nec expositis otia nosse iugis,
cum mihi subiectas pateat discursus in herbas
    et nemorum liceat rursus opaca sequi?'
at senior nullam verbis compulsus in iram
    vertebat solitam vomere fessus humum,
donec deposito per prata liceret aratro
    molliter herboso procubuisse toro.
mox vitulum sacris innexum respicit aris
    admotum cultro comminus ire popae.
'hanc tibi tristis' ait 'dedit indulgentia mortem,
    expertem nostri quae facit esse iugi.
proderit ergo graves quamvis perferre labores,
    otia quam tenerum mox peritura pati.'
est hominum sors ista, magis felicibus ut mors
    sit cita, cum miseros vita diurna regat.

Den geliebten trägt sie mit den Händen oder an der liebenden Brust,
den verachteten hebt sie hoch und trägt ihn auf dem Rücken.
Doch wenn sie nicht auf den ermatteten Füßen stehen kann,
lässt sie auf der Flucht freiwillig die vorne auf ihr liegende Last fallen.
Doch der andere, der die Arme um ihren struppigen Hals schlingt,
bleibt an ihr hängen und flieht mit der Mutter gegen deren Willen.
Bald rückt er auch zu den Küssen des geliebten Bruders nach,
gerettet als der einzige Erbe von alten Ahnen.
So erfreut viele das Vernachlässigte, und wenn sich die Ordnung der Dinge umgekehrt hat,
trägt Hoffnung die Niedrigen wieder zu einer besseren Lage zurück.

36

Ein schönes und am Nacken unberührtes Kalb, das herumsprang,
hatte einen Ochsen erblickt, der ununterbrochen den Acker spaltete.
»Schämst du dich nicht, du da«, sagte es, »auf deinem alten Nacken Fesseln
zu tragen und nicht die Ruhe nach dem Ablegen des Jochs zu kennen,
während mir das Umherlaufen auf dem Gras unter mir freisteht
und ich im Wechsel damit den Schatten der Wälder aufsuchen darf?«
Doch der Ältere, durch die Worte nicht in Wut gebracht,
wandte den Boden, wie gewohnt, müde mit der Pflugschar um,
bis ihm erlaubt war, den Pflug abzulegen und sich auf der Wiese
weich auf ein Grasbett zu legen.
Bald darauf erblickte er das Kalb, wie es gefesselt zu einem heiligen Altar
geführt wurde und dem Messer des Opferpriesters nahekam.
»Diesen Tod gab dir«, sprach er, »die unheilvolle Nachsicht,
die dich von meinem Joch frei sein ließ.
Es wird besser sein, Mühen, sind sie auch noch so schwer, zu ertragen,
als im zarten Alter Freizeit zu erleben, die bald dahin sein wird.«
Dies ist das Los der Menschen, dass für die Glücklicheren der Tod
schnell da ist, während über die Unglücklichen Tag für Tag das Leben herrscht.

37

Pinguior exhausto canis occurrisse leoni
fertur et insertis verba dedisse iocis:
'nonne vides duplici tendantur ut ilia tergo,
luxurietque toris nobile pectus?' ait.
'proximus humanis ducor post otia mensis
communem capiens largius ore cibum.'
'sed quod crassa malum circumdat guttura ferrum?'
'ne custodita fas sit abire domo.
at tu magna diu moribundus lustra pererras,
donec se silvis obvia praeda ferat.
perge igitur nostris tua subdere colla catenis,
dum liceat faciles promeruisse dapes.'
protinus ille gravem gemitu collectus in iram
atque ferox animi nobile murmur agit.
'vade' ait 'et meritis nodum cervicibus infer,
compensentque tuam vincula dura famem.
at mea cum vacuis libertas redditur antris,
quamvis ieiunus, quae libet arva peto.
has illis epulas potius laudare memento,
qui libertatem postposuere gulae.'

38

Dulcibus e stagnis fluvio torrente coactus
aequoreas praeceps piscis obibat aquas.
illic squamigerum despectans improbus agmen

37

Ein ziemlich fetter Hund begegnete einem ausgezehrten Löwen,
wie erzählt wird, und sprach ihn an, wobei er Späße einlegte:
»Siehst du nicht, wie meine Flanken sich unter dem Doppelwulst meines Rückens ausdehnen
und meine edle Brust üppig ist von Muskeln?« sprach er.
»Ganz nahe zu den Tischen der Menschen werde ich nach Untätigkeit gebracht,
und ich schnappe mir mit dem Maul sehr reichlich die mit ihnen gemeinsame Speise.«
»Aber was für ein übles Eisen umgibt deine dicke Kehle?«
»⟨Es ist da,⟩ damit es mir nicht möglich ist, vom Haus, das ich bewache, wegzugehen.
Doch du durchstreifst, vom Sterben bedroht, lange die große Wildnis,
bis sich dir im Wald eine Beute darbietet.
Also los, unterwirf deinen Hals einer Kette, wie ich sie habe,
bis es dir erlaubt ist, ein leicht zugängliches Festmahl zu erwerben.«
Sogleich brach der stöhnend in heftigen Zorn aus
und gab mit wildem Sinn ein edles Brüllen von sich.
»Geh«, sagte er, »und lege um deinen Nacken, der es verdient, die [Schlinge,
und die harten Bande mögen deinen Hunger ausgleichen.
Doch wenn ich in Freiheit der Höhle, wo ich Herr bin, wiedergeschenkt [bin,
suche ich, mag ich auch hungrig sein, nach Belieben Felder auf.
Denke daran, diese Festessen lieber denjenigen gegenüber zu preisen,
die ihre Freiheit der Schlemmerei hintansetzen.«

38

Aus dem Süßwasser vom strömenden Fluss getrieben
gelangte ein Fisch kopfüber ins Meerwasser.
Als er dort hochmütig auf eine schuppentragende Schar herabblickte,

eximium sese nobilitate refert.
non tulit expulsum patrio sub gurgite phoecis
verbaque cum salibus asperiora dedit:
‘vana laboratis aufer mendacia dictis,
quaeque refutari te quoque teste queant.
nam quis erit potior, populo spectante, probabo,
si pariter captos umida lina trahant.
tunc me nobilior magno mercabitur emptor,
te simul aere brevi debile vulgus emet.’

39

Voverat attritus quondam per proelia miles
omnia suppositis ignibus arma dare,
vel quae victori moriens sibi turba dedisset
vel quidquid profugo posset ab hoste capi.
interea votis fors affuit et memor arma
coeperat accenso singula ferre rogo.
tunc lituus rauco deflectens murmure culpam
immeritum flammis se docet isse piis.
‘nulla tuos’ inquit ‘petierunt tela lacertos,
viribus affirmes quae tamen acta meis.
sed tantum ventis et cantibus arma coegi,
hoc quoque summisso (testor et astra) sono.’
ille resultantem flammis crepitantibus addens
‘nunc te maior’ ait ‘poena dolorque rapit.
nam licet ipse nihil possis temptare nec ausis,
saevior hoc, alios quod facis esse malos.’

bezeichnete er sich als herausragend durch seine Vornehmheit.
Nicht ertrug den Ausgestoßenen in seiner angestammten Tiefe ein Seefisch
und sprach sehr bittere, mit scharfem Witz verbundene Worte:
»Weg mit den leeren Lügen in ausgetüftelten Worten,
die sogar durch dich als Zeugen widerlegt werden könnten.
Denn wer mehr gelten wird in den Augen der Leute, werde ich beweisen,
wenn die nassen Netze uns gemeinsam Gefangene herausziehen.
Dann wird mich ein sehr vornehmer Käufer für einen hohen Preis erstehen,
während dich für eine kleine Münze das niedere Volk kaufen wird.«

39

Ein in Schlachten zermürbter Soldat hatte einst gelobt,
Feuer zu machen und dem alle seine Waffen zu übergeben,
sowohl die, welche ihm als Sieger die sterbende Schar übergeben hatte,
als auch alles, was vom flüchtigen Feind erbeutet werden konnte.
Inzwischen unterstützte das Schicksal sein Gelübde, und in Erinnerung daran hatte er
einen Scheiterhaufen angezündet und begonnen, die Waffen einzeln hinzutragen.
Da erklärte die Kriegstrompete, indem sie mit dumpfem Schmettern die Schuld
von sich wies, sie wandere unverdient in die heiligen Flammen.
»Nach deinen Armen«, sagte sie, »zielten nicht Geschosse,
von denen du behaupten könntest, sie seien denn doch durch meine Kraft getrieben worden.
Nein, ich trieb die Waffen nur durch Blasen und Klänge an,
und das auch – ich rufe die Sterne zu Zeugen an – mit tiefem Ton.«
Der fügte die Widerstrebende den prasselnden Flammen hinzu
und sprach: »Jetzt raffen dich eine größere Strafe und eine größere Qual dahin.
Denn magst du auch selbst nicht angreifen können und nichts wagen,
bist du umso grausamer, weil du bewirkst, dass andere böse sind.«

40

Distinctus maculis et pulchro pectore pardus
inter consimiles ibat in arva feras.
sed quia nulla graves variarent terga leones,
protinus his miserum credidit esse genus.
cetera sordenti damnans animalia vultu
solus in exemplum nobilitatis erat.
hunc arguta novo gaudentem vulpis amictu
corripit et vanas approbat esse notas:
'vade' ait 'et pictae nimium confide iuventae,
dum mihi consilium pulchrius esse queat
miremurque magis quos munera mentis adornant,
quam qui corporeis enituere bonis.'

41

Impulsus ventis et pressa nube coactus
ruperat hibernis se gravis imber aquis.
cumque per effusas stagnaret turbine terras,
expositum campis fictile pressit opus.
mobile namque lutum tepidus prius instruit aer,
discat ut admoto rectius igne coqui.
tunc nimbus fragilis perquirit nomina testae.
immemor illa sui: 'amphora dicor' ait.
'nam me docta manus rapiente volumina gyro
molliter obliquum iussit habere latus.'
'hactenus hac' inquit 'liceat constare figura:
nam te subiectam diluet imber aquis.'
et simul accepto violentius amne fatiscens
pronior in tenues victa cucurrit aquas.

40

Geziert mit Flecken und geschwellter Brust stolzierte
der Leopard unter ihm ähnlichen Tieren auf den Feldern.
Aber weil die erhabenen Löwen auf dem Rücken nicht bunt waren,
glaubte er sogleich, sie hätten einen armseligen Stamm.
Indem er die übrigen Tiere wegen ihres unfeinen Aussehens verurteilte,
war er allein ein Muster an edler Art.
Wie er sich so seiner außerordentlichen Umhüllung erfreute, tadelte ihn der
Fuchs, und er legte ihm dar, dass seine Merkmale nutzlos seien: [schlaue
»Geh hin«, sprach er, »und vertraue allzu sehr auf deine buntbemalte
so lange ich einen schöneren Verstand haben kann [Jugend,
und wir mehr die bewundern, welche die Gaben des Geistes schmücken,
als die, welche durch körperliche Vorzüge glänzen.«

41

Getrieben von den Winden und in einer dichten Wolke gesammelt,
war ein heftiger Regen mit winterlichen Wassermassen losgebrochen.
Und als er über das durch den Sturm überschwemmte Land hin einen See
bildete,
drückte er auf ein nach draußen aufs Feld gestelltes Werk eines Töpfers.
Denn den formbaren Ton präpariert erst die warme Luft,
damit er lernt, besser gebrannt zu werden, wenn er ins Feuer gelegt wird.
Da fragte der Sturm nach dem Namen des zerbrechlichen Kruges.
Sich vergessend sprach er: »Man nennt mich eine Amphore.
Denn eine kundige Hand hat mich, während die Scheibe rasend schnell
dazu gebracht, leicht gekrümmte Seiten zu haben.« [kreiste,
»Nur bis jetzt mag es dir erlaubt sein, diese Form zu bewahren,
denn der Regen wird dich unters Wasser drücken und auflösen.«
Und zugleich empfing der die Flut in voller Wucht, zerbarst
und sauste, besiegt, abwärts in das fließende Wasser.

infelix, quae magna sibi cognomina sumens
    ausa pharetratis nubibus ista loqui.
haec poterunt miseros posthac exempla monere
    subdita nobilibus ut sua fata gemant.

42

Forte lupum melior cursu deluserat haedus
    proxima vicinis dum petit arva casis.
inde fugam recto tendens in moenia cursu
    inter lanigeros astitit ille greges.
impiger hunc raptor mediamque secutus in urbem
    temptat compositis sollicitare dolis:
'nonne vides,' inquit 'cunctis ut victima templis
    inmitem regemens morte cruentet humum?
quod nisi securo valeas te reddere campo,
    hei mihi! vittata tu quoque fronte cadis.'
ille refert: 'modo quam metuis, precor, exime curam,
    et tecum viles, improbe, tolle minas.
nam sat erit sacrum divis fudisse cruorem,
    quam rabido fauces exsaturare lupo.'
sic quotiens duplici subeuntur tristia casu,
    expedit insignem promeruisse necem.

Der Unglückselige, der einen großen Namen annahm
und es wagte, mit den köchertragenden Wolken so zu sprechen!
Dieses Beispiel wird künftig Elende mahnen können,
ihr den Vornehmen unterworfenes Schicksal zu beklagen.

42

Einmal hatte einen Wolf ein Böckchen, das besser im Laufen war,
verspottet,
während es zu den sehr nahe bei benachbarten Hütten liegenden Feldern [eilte.
Von dort lenkte es seine Flucht in direktem Lauf zu den Mauern
und machte Halt unter den wolletragenden Herden.
Unermüdlich folgte ihm der Räuber mitten in die Stadt
und versuchte es durch schlau zurechtgelegte Listen zu locken:
»Siehst du nicht«, sagte er, »wie in allen Tempeln ein Opfertier
aufseufzend im Sterben die grausame Erde mit Blut befleckt?
Wenn du aber nicht zum sicheren Feld zurückzukehren vermagst,
fällst – weh mir! – auch du, die Stirn mit Binden umwunden.«
Es sagte: »Leg nur, ich bitte dich, die Sorge ab, die deine Angst ist,
und nimm zusammen mit dir hinweg, Ruchloser, deine nichtigen Drohun- [gen.
Denn es wird besser sein, heiliges Blut für die Götter zu vergießen,
als einem rasenden Wolf den Schlund zu sättigen.«
So ist es, sooft man Betrübliches, das mit doppeltem Unglück verbunden [ist,
ertragen muss, angebracht, einen rühmlichen Tod zu empfangen.

ROMULI AESOPUS LATINUS

DER *AESOPUS LATINUS* DES ROMULUS

LIBER PRIMUS

[1]Romulus Tiberino filio.
De civitate Attica [2]Aesopus quidam, homo Graecus et ingeniosus, famulos suos docet, [3]quid homines observare debeant. [4]verum ut vitam hominum et mores ostenderet, [5]inducit aves, arbores et bestias et pecora loquentes probanda cuiuslibet fabula⟨e⟩. [6]ut noverint homines fabularum cur sit inventum genus, aperte et breviter narravit. [7]apposuit vera malis, composuit integra bonis, scripsit calumnias malorum, argumenta improborum, [8]docens infirmos esse humiles, verba blanda potius cavere et cetera multa et miserias his exemplis scriptis. [9]id ego Romulus transtuli de Graeco [sermone] in Latinum. [10]si autem legeris, Tiberine fili, et pleno animo advertas, invenies apposita ioca, [11]quae tibi multiplicent risum et acuant satis ingenium.

Magistro Rufo Aesopus
[1]Memoriam tibi tradam, carissime Rufe, meam. [2]membranis habeto scriptam et in candore quo[d] mereris a me, [3]suscipe donum ut pretiosum labium saxis diversi coloris ornatum. [4]iucundes tuam vitam, expectans seniles annos maturus, [5]amicis semper bonus vivas, uxori luxuriosus vaces, famulis disciplinam ingeras, [6]tuorum vota bene cernas et intentus legas fabulas; [7]et ne forte lector aestimet lapsum me in imprudentiam, invenies in servis tuis esse narrandi vias. [8]nam ⟨et⟩ veteres et paucae olim fuere fabulae. [9]sed, ut maius fieret corpus,

BUCH I

Romulus an seinen Sohn Tiberinus.
Aus der attischen Bürgerschaft ein gewisser Äsop, ein genialer griechischer Mensch, lehrt seine Sklaven, was die Menschen beachten sollen. Aber um das Leben der Menschen und ihren Charakter zu zeigen, führt er Vögel, Bäume, wilde Tiere und zahme ein, welche das zu Beweisende jeder Fabel sagen. Damit die Menschen wissen, warum die Gattung der Fabeln erfunden wurde, hat er es deutlich und kurz erzählt. Er hat dem Bösen die Wahrheit beigelegt, Reines mit Gutem verglichen, aufgeschrieben die Intrigen der Bösen, die Argumente der Ruchlosen, lehrend, dass schwach seien die Niedrigen, sich vor schmeichlerischen Worten lieber zu hüten und vieles andere und elende Dinge durch diese niedergeschriebenen Beispiele. Das habe ich, Romulus, aus dem Griechischen ins Lateinische übertragen. Wenn du es aber liest, mein Sohn Tiberinus, und voll und ganz deine Aufmerksamkeit darauf richtest, wirst du beigegebene Witze finden, die dir das Lachen vervielfachen und deinen Verstand hinlänglich schärfen.

Äsop an Magister Rufus.
Mein Schriftdenkmal werde ich dir, liebster Rufus, übergeben. Nimm es, das auf Pergament geschrieben ist, und zwar in der Pracht, in der du es von mir verdienst, empfange das Geschenk wie eine kostbare Urne, die mit verschiedenfarbigen Steinen geschmückt ist. Mögest du dich deines Lebens erfreuen, indem du die Jahre des Greisenalters in voller Blüte erwartest, für die Freunde mögest du stets als ein guter Mann leben, der Gattin mögest du dich in voller Kraft widmen, den Sklaven Zucht beibringen, die Wünsche der Deinen gut berücksichtigen und konzentriert die Fabeln lesen; und damit der Leser nicht etwa denkt, ich sei in Dummheit abgeglitten, ⟨so wisse:⟩ Du wirst bei deinen Sklaven Erzählweisen finden. Denn es gab einst nur wenige alte Fabeln. Doch damit die Sammlung größer

adieci et meas novas, aperte et breviter scriptas. [10]apposui vera malis, composui integra bonis. ostendi vias malorum, confirmavi bonorum. [11]sequatur quisque quod libet. [12]per haec omnia docto atque intellegenti [13]parvus non est labor meus, ut norit quisquis fabularum quur sit inventum genus, [14]verum ipsam vitam hominum et mores ostendens instruxi legere volentes.

I,1

Aesopus prior ipse de se fabulam dixit:
[1]In sterquilinio quidam gallinacius, dum quaereret escam, invenit margaritam in indigno loco iacentem. [2]quam ut vidit, sic ait: 'bona res, in stercore iaces. [3]te si cupidus invenisset, [4]quo gaudio te rapuisset, ut redires ad splendorem pristinum decoris tui! [5]ego te inveni in hoc loco iacentem, potius mihi escam quaero. [6]nec ego tibi prosum nec tu mihi.'

Haec illis Aesopus narrat, qui ⟨ipsum legunt et⟩ non intellegunt.

I,2

Aesopus de innocente et reprobo talem retulit fabulam:
[1]Agnus et lupus sitientes ad rivum e diverso venerunt. [2]sursum bibebat lupus longeque inferius agnus. [3]lupus ut agnum vidit, sic ait: 'turbasti mihi aquam bibenti.' [4]agnus patiens dixit: 'quomodo

werde, habe ich meine neuen hinzugefügt, die klar und kurz geschrieben sind. Ich habe dem Bösen die Wahrheit beigelegt, Reines mit Gutem verglichen. Ich habe die Wege der Schlechten aufgezeigt, die der Guten bestätigt. Ein jeder folge dem nach, was ihm gefällt. Aus allen diesen Gründen ist für mich als Gelehrten und Klugen meine Mühe nicht gering – damit ein jeder wisse, warum die Gattung der Fabeln erfunden wurde –, aber indem ich das Leben der Menschen, wie es ist, und ihren Charakter aufzeige, habe ich die unterwiesen, die lesen wollen.

I,1

Äsop hat zuerst über sich selbst eine Fabel erzählt:

Während ein Hahn auf einem Misthaufen nach Futter suchte, fand er eine Perle, die an dem unwürdigen Ort lag. Als er sie ansah, sprach er so: »Du wertvolles Ding, du liegst auf dem Mist. Wenn dich ein Habgieriger gefunden hätte, mit welcher Freude hätte er dich an sich gerafft, damit du zum früheren Glanz deiner Schönheit hättest zurückkehren können. Ich habe dich, da du an diesem Ort lagst, gefunden, suche mir aber lieber Futter. Weder kann ich dir nützen noch du mir.«

Das erzählt Äsop denen, die ihn lesen und nicht verstehen.

I,2

Äsop erzählte über einen Unschuldigen und einen Verworfenen folgende Fabel:

Das Lamm und der Wolf kamen dürstend zu einem Bach aus verschiedenen Richtungen. Oben trank der Wolf, viel tiefer das Lamm. Sobald der Wolf das Lamm erblickt hatte, sprach er so: »Du hast mir das Wasser, während ich trank, getrübt.« Das duldsame Lamm

aquam turbavi tibi, quae a te ad me decurrit?' [5]lupus non erubuit veritati ⟨et⟩ 'maledicis mihi' inquit. [6]agnus ait: 'non maledixi.' [7]lupus dixit: 'ergo pater tuus fuit ante sex menses hic, et ita fecit mihi.' [8]agnus ait: 'numquid ego tunc natus fui?' [9]sic lupus improba fauce dixit: 'et adhuc loqueris, latro?' [10]et statim se in eum direxit et innocenti vitam eripuit.

Haec in illos dicta est fabula, qui hominibus calumniantur.

I,3

Qui de salute alterius adversa cogitat, non effugit poenam. de hoc talem audite fabulam:

[1]Mus cum transire vellet flumen, a rana petiit auxilium. [2]illa grossum petiit linum, murem sibi ad pedem ligavit, et natare coepit. [3]in medio vero flumine rana se in deorsum mersit, ut misero muri vitam eriperet. [4]ille validius dum teneret vires, [5]milvus e contra volans murem cum unguibus rapuit, [6]simul et ranam pendentem sustulit.

Sic enim et illis contingit, qui de salute alterius adversa cogitant.

I,4

De calumniosis hominibus talis dicitur fabula, quod semper calumniosi in bonos cogitant mendacium et secum faventes ad-

sagte: »Wie konnte ich dir das Wasser trüben, das von dir zu mir herabfließt?« Der Wolf errötete nicht angesichts der Wahrheit und sagte: »Du schmähst mich.« Das Lamm sprach: »Ich habe nicht geschmäht.« Der Wolf sagte: »Aber dein Vater war vor sechs Monaten hier, und er hat so an mir gehandelt.« Das Lamm sprach: »War ich denn damals schon geboren?« So sprach da der Wolf mit seinem bösen Schlund: »Und du redest noch, Räuber?« Und sofort wandte er sich gegen jenes und raubte ihm, das doch unschuldig war, das Leben.

Diese Fabel ist gegen jene gesagt, welche Menschen fälschlich anklagen.

I,3

Wer bezüglich des Wohls eines anderen Widriges ersinnt, entgeht nicht der Strafe. Darüber hört folgende Fabel:

Als die Maus einen Fluss überqueren wollte, erbat sie von dem Frosch Hilfe. Der erbat sich einen dicken Faden, band sich die Maus an den Fuß und schwamm los. Mitten im Fluss aber tauchte der Frosch abwärts, um der armen Maus das Leben zu rauben. Während sie ihre Kräfte stärker anspannte, flog ihnen der Milan entgegen, riss die Maus mit den Krallen davon und hob zugleich den an ihr hängenden Frosch in die Höhe.

So nämlich geschieht es denen, die bezüglich des Wohls eines anderen Widriges ersinnen.

I,4

Über hinterhältige Menschen wird die folgende Fabel erzählt, weil die Hinterhältigen immer Lügen gegen die Guten ersinnen

ducunt, nam et falsos testes emunt. de his ergo haec proponitur fabula:

[1]Canis calumniosus dixit deberi sibi ab ove panem quem dederat
mutuum. [2]contendebat autem ovis nunquam se ab illo panem ac-
cepisse. [3]cum autem ante iudices venissent, canis dixit se habere
testes. [4]introductus lupus ait: ‘scio panem commodatum ovi.’
[5]introductus milvus: ‘coram me’ inquit ‘accepit.’ [6]accipiter, cum
introisset, [inquit] ‘quare negasti, quod accepisti?’ ⟨inquit⟩. [7]victa
ovis a tribus falsis testibus iudicatur artius exigi. [8]coacta vero extra
tempus lanas suas vendidisse dicitur, ut quod non accepit redderet.

Sic calumniosi faciunt mala innocentibus et miseris.

I,5

Amittit proprium, quisquis avidus alienum sumere cupit. de talibus Aesopi fabula sic narrat:

[1]Canis flumen transiens partem carnis ore tenebat, [2]cuius umbram
cum vidisset in aqua, patefecit os suum, ut illam caperet. [3]statim
eam, quam prius tenebat, fluvius tulit et illam, quam sub aqua pu-
tabat, obtinere non potuit ⟨ac illam quam ferebat similiter perdidit⟩.

Sic quisquis alienum quaerit, dum plus vult, suum perdit.

und mit sich ihre Claqueure herbeibringen, ja sogar falsche Zeugen kaufen. Über die wird also diese Fabel vorgelegt:

Ein hinterhältiger Hund sagte, ihm werde von dem Schaf ein Brot geschuldet, das er ihm geliehen habe. Es versicherte aber das Schaf, es habe von ihm niemals ein Brot bekommen. Als sie aber vor die Geschworenen kamen, sagte der Hund, er habe Zeugen. Hereingeführt wurde der Wolf, und er sprach: »Ich weiß, dass das Brot dem Schaf geliehen wurde.« Hereingeführt wurde der Milan, und er sagte: »Vor meinen Augen hat es das bekommen.« Als der Habicht eingetreten war, sagte er: »Warum hast du bestritten, dass du es bekommen hast?« Überführt von drei falschen Zeugen, wurde das Schaf dazu verurteilt, dass strenger von ihm eingefordert werde. Es wurde aber gezwungen, außerhalb der normalen Zeit seine Wolle zu verkaufen – so heißt es –, damit es zurückgeben könne, was es nicht bekam.

So tun die Hinterhältigen den Unschuldigen und Armen Übles an.

I,5

Es verliert das Eigene, wer auch immer habsüchtig Fremdes zu nehmen begehrt. Über solche Leute erzählt Äsops Fabel so:

Ein Hund hielt, während er einen Fluss überquerte, ein Stück Fleisch im Maul. Als er dessen Spiegelbild im Wasser sah, öffnete er sein Maul, um es zu schnappen. Sofort trug das, was er vorher gehalten hatte, der Fluss dahin, und jenes, das er unter Wasser glaubte, konnte er nicht bekommen, doch das, was er trug, verlor er zugleich.

So verliert, wer Fremdes begehrt, während er mehr will, das Seine.

I,6

Dicitur ⟨in proverbio⟩ nunquam fidelem esse potentis divisionem ⟨cum paupere⟩. ⟨de isto⟩ videamus quid haec fabula narret ⟨cunctis hominibus⟩:

[1]Vacca et capella atque ovis sodales fuerunt leonis simul. [2]qui cum in saltibus venerarent[ur] et caperent cervum, factis partibus leo sic ait: [3]'ego primus tollo ut leo, secunda pars mea est, eo quod sum fortior vobis. [4]tertiam vero mihi defendo, quia plus vobis cucurri. [5]quartam autem qui tetigerit, inimicum me habebit.' [6]sic totam praedam illam solus improbitate sustulit.

Cunctos monet haec fabula non sociari potentibus.

I,7

A natura nemo mutatur, sed de malo peior nascitur, de quo sic testatur fabula:

[1]Vicini qui erant furi frequentabant illi nuptias. [2]sapiens cum intervenisset, vicinos gratulari ut vidit, continuo narrare coepit. [3]'audite' inquit 'gaudia vestra: [4]Sol uxorem voluit ducere [5]quod omnis natio interdixit et magno clamore Iovi conviciis non tacuerunt. [6]Iuppiter commotus ab illis causas iniuriae quaerit. [7]tunc unus ex illis ait Iovi: [8]"modo Sol unus est [9]et aestu suo omnia turbat, ut deficiat simul omnis natura. [10]quidnam erit nobis futurum, cum Sol creaverit filios?"'

1,6

Es heißt im Sprichwort, niemals sei ehrlich das Teilen eines Mächtigen mit einem Armen. Wollen wir denn sehen, was darüber diese Fabel allen Menschen erzählt:

Die Kuh, die Ziege und das Schaf waren zugleich Gefährten des Löwen. Als sie in den Waldtälern jagten und einen Hirsch zu fassen bekamen, sprach der Löwe, nachdem er Teile gemacht hatte, so: »Ich als der Löwe nehme als Erster weg, der zweite Teil ist meiner deswegen, weil ich stärker bin als ihr. Den dritten aber beanspruche ich für mich, weil ich mehr gerannt bin als ihr. Wer aber den vierten anrührt, wird mich zum Feind haben.« So nahm er allein die ganze Beute durch seine Ruchlosigkeit weg.

Alle mahnt diese Fabel, sich nicht mit den Mächtigen zusammenzutun.

1,7

Gegen seine Natur ändert sich niemand, sondern aus einem Schlechten wird ein Schlechterer geboren, wovon die Fabel so zeugt:

Leute, die einem Dieb benachbart waren, feierten seine Hochzeit. Als ein Weiser hinzugekommen war, begann er, sobald er sah, dass die Nachbarn sich freuten, sofort zu erzählen: »Hört«, sagte er, »worüber ihr euch freut. Sol wollte heiraten, wogegen sich alle Leute aussprachen, und mit lautem Geschrei verstummten sie Jupiter gegenüber nicht mit Beschimpfungen. Jupiter, von ihnen in Aufregung versetzt, fragte nach den Gründen für die Beleidigung. Da sprach einer von ihnen zu Jupiter: ›Jetzt gibt es nur einen Sol, und der versetzt mit seiner Hitze alles in Unruhe, so dass die ganze Natur zugleich ermattet. Was aber wird uns widerfahren, wenn Sol Söhne zeugt?‹«

Admonet haec locutio malis hominibus non ⟨con⟩gratulari.

1,8

Quicunque malo vult benefacere, satis peccat. de quo similem audi fabulam:

[1]Ossa lupus cum devoraret, [2]unum ex illis haesit ei in faucibus transversum graviter. [3]invitavit lupus magno praemio, qui extraheret hoc malum. [4]rogabatur gruis collo longo ut praestaret lupo medicinam, [5]id est, ut mitteret caput et extraheret malum de faucibus. [6]sanus cum esset lupus, rogabat gruis petitores reddi sibi promissa praemia. [7]et lupus dicitur dixisse: ‘ingrata est illa gruis, [8]quae caput incolume extulit non vexatum dente nostro, [9]et mercedem ⟨insuper⟩ sibi postulat. o iniuria meis virtutibus!’

Parabola haec monet illos, qui volunt bene facere malis.

1,9

Blanda verba hominis mali graves faciunt contumelias, quas ut omnes vitemus, subiecti versus monent:

[1]Canis parturiens rogabat alteram ut in eius cubile exponeret fetum. [2]at illa roganti concessit ingressum. [3]cum vero exponeret partum, [4]deinde iterum rogavit, ut cum catulis suis iam firmis exiret. [5]illa

Es ermahnt diese Rede, böse Menschen nicht zu beglückwünschen.

1,8

Jeder, der einem Bösen wohltun will, macht einen großen Fehler. Darüber höre eine ähnliche Geschichte:

Als der Wolf Knochen verschlang, blieb ihm einer davon auf beschwerliche Weise quer im Schlund stecken. Der Wolf ermunterte durch eine große Belohnung den, der ihm dieses Übel herausziehen würde. Der Kranich wurde gebeten, mit seinem langen Hals dem Wolf Heilung zu verschaffen, das heißt, seinen Kopf hinab zu lassen und das Übel aus dem Schlund herauszuziehen. Als der Wolf genesen war, bat der Kranich die Unterhändler, dass ihm die versprochene Belohnung gegeben werde. Und der Wolf, so sagt man, sagte: »Undankbar ist der Kranich da, der seinen Kopf unversehrt herauszog, ohne dass der von meinem Zahn misshandelt wurde, und obendrein eine Belohnung für sich verlangt. O Unrecht gegenüber meinen Tugenden!«

Dieses Gleichnis warnt die, welche bereit sind, Bösen Gutes zu tun.

1,9

Schmeichelworte eines bösen Menschen bewirken schweres Unheil; dass wir alle dies vermeiden, mahnen die nachfolgenden Zeilen:

Eine Hündin, die gebären wollte, bat eine andere, dass sie auf deren Lager gebären dürfe. Und jene bewilligte ihr auf ihre Bitte den Einzug. Als sie aber geboren hatte, bat sie danach wiederum, dass sie mit ihren Welpen erst dann, wenn die schon stark seien, davonge-

roganti [non] ⟨et hoc⟩ concessit. [6]paulo post tempore illa coepit cubile suum repetere et cogere illam migrare. [7]et illa ab stomacho sic ait: [8]'quid me turbas cum iniuria? si mihi meaeque turbae occurras [9]aut si es fortior nobis, reddam locum tibi.'

Aliquando boni sic amittunt sua, qui credunt aliis per blanda verba.

I,10

Qui fert malo auxilium, sciat, quia satis peccat, et cum illi benefecerit, sciat se noceri ab illo. ideo hanc audiamus fabulam:

[1]Frigore et gelu rigente quidam pietatis causa colubrum ad se sustulit, [2]et intra lares suos habuit et eum tota hieme fovit. [3]refectus usque ad tempus coepit esse iniuriosus [4]et veneno multa foedare. [5]et ne cum gratia exiret, iniuriosus pelli voluit.

Hanc sciant multi fabulam, qui voluntate quidem sua aliquos ingratos fovent, qui cum exire volunt, nocent.

I,11

De male ridentibus sapiens talem subiecit fabulam:

[1]Aliquanti vero homines, cum sibi faciunt risus, alii quidem faciunt contumeliam, sed sibi congerunt malum. [2]ac veluti asinus occurrit

hen dürfe. Die andere bewilligte ihr auch das auf ihre Bitte. Kurze Zeit später fing sie damit an, ihr Lager zurück zu erbitten und die andere zum Auszug zu nötigen. Und die sprach verärgert so: »Warum regst du mich zu Unrecht auf? Wenn du mir und meiner Schar entgegentrittst oder wenn du stärker bist als wir, werde ich dir den Platz zurückgeben.«

Zuweilen verlieren so das Ihre die Guten, die anderen aufgrund von deren Schmeichelworten glauben.

I,10

Wer einem Bösen Hilfe bringt, wisse, dass er einen großen Fehler macht, und wenn er jenem Gutes tut, wisse er, dass ihm von jenem geschadet wird. Deshalb lasst uns diese Fabel anhören:

Weil sie vor Kälte und Frost starr war, nahm einer aus Nächstenliebe eine Schlange bei sich auf, behielt sie in seinem Haus und hegte sie den ganzen Winter lang. Als sie bis zum Frühling erholt war, fing sie an, gemein zu sein und mit ihrem Gift vieles zu besudeln. Und sie wollte, um nicht mit Dank davongehen zu müssen, als Gemeine vertrieben werden.

Diese Fabel sollen viele kennen, die aus eigenem Willen irgendwelche Undankbaren hegen, die, wenn sie davongehen wollen, schaden.

I,11

Über die, welche unpassend lachen, hat ein Weiser folgende Fabel vorgelegt:

Wahrhaftig, wenn manche Menschen sich ein Gelächter verschaffen, verschaffen sie zwar einem anderen Ungemach, laden sich selbst aber Übles auf. So zum Beispiel auch der Esel, der dem Eber be-

apro: 'salve' inquit 'frater.' [3]indignatus aper tacuit dissimulans agitavitque caput. [4]'absit a me tamen,' inquit 'ne de vano sanguine dentes meos coinquinem. [5]nam oportebat iniuriosum vel laceratum relinquere.'

Monet haec fabula insipientibus parci debere, stultos autem defendere, qui insultare audent melioribus.

I,12

Securum in paupertate vivere melius esse quam divitem taedio macerari per hanc brevem auctoris probatur fabulam:

[1]Mus urbanus iter agebat sicque hospitio susceptus est; [2]rogatur a mure agrario, ut in qualicunque brevi casella glandem et hordeum exhiberet. [3]deinde mus urbanus rediens murem agrarium rogabat venire secum ad prandium. [4]factumque est, ut simul venirent, ingrediuntur ambo honestam domum, in qua erat illis cellarium omnibus bonis plenum. [5]cum haec mus muri ostenderet, sic ait: 'fruere mecum, amice, quae nobis cotidie superant.' [6]cumque multis cibariis uterentur, venit cellararius festinans et ostium cellarii impulit. [7]mures strepitu territi fugam per diversa petierunt. [8]mus urbanus notis cavernis cito se abscondit. [9]at miser ille agrarius fugit per parietes ignarus putans se morti proximum. [10]at ubi exit cellararius cellarii ostio clauso, sic mus urbanus agrario dixit: [11]'quid te turbasti fugiendo? fruamur, amice, istis bonis, nihil verearis nec

gegnete und sagte: »Sei gegrüßt, mein Bruder!« Der Eber war verärgert, ließ es sich jedoch nicht anmerken, schwieg und schüttelte den Kopf. »Das sei aber ferne von mir«, sagte er, »dass ich mit nichtsnutzigem Blut meine Zähne beflecke. Denn ich müsste den Schmähsüchtigen sogar zerfetzt zurücklassen.«

Diese Fabel mahnt, dass die Törichten an sich geschont werden müssen, man sich aber gegen die Dummköpfe, die Stärkere zu beleidigen wagen, wehren muss.

I,12

Dass es besser ist, sorglos in Armut zu leben, denn als Reicher von Verdruss gequält zu werden, wird durch diese kurze Fabel des Autors bewiesen:

Die Stadtmaus machte sich auf den Weg und wurde sogleich gastfreundlich aufgenommen; sie wurde von der Landmaus gebeten, dass die ihr in ihrem Häuschen, so klein es auch sei, Eicheln und Gerste vorsetzen dürfe. Darauf bat die Stadtmaus, die den Rückweg antrat, die Landmaus, mit ihr zum Essen zu kommen. Es geschah, dass sie miteinander ankamen. Sie betraten beide ein reiches Haus, in dem für sie ein Keller war, voll mit allen guten Sachen. Als die eine Maus der anderen Maus diese zeigte, sprach sie so: »Genieße mit mir, Freundin, was für uns täglich übrig ist.« Während sie viele Speisen genossen, kam der Kellermeister herbeigeeilt und schlug an die Kellertür. Die Mäuse, durch den Lärm erschreckt, suchten in verschiedene Richtungen ihr Heil in der Flucht. Die Stadtmaus versteckte sich flink in dem ihr bekannten Loch. Doch die Arme vom Land floh, ohne sich auszukennen, an den Wänden entlang in der Meinung, sie sei dem Tod sehr nahe. Doch sobald der Kellermeister hinausgegangen und die Kellertür verschlossen war, sprach so die Stadtmaus zu der vom Lande: »Was hast du dich so aufgeregt und bist geflohen? Lasst uns, Freundin, diese guten Sachen hier

timeas.' [12]ille agrarius e contra: 'tu fruere' inquit 'istis omnibus, qui nec times, nec pavescis, [13]nec te turbatio cotidiana terret; [14]ego vivo frugi in agro, ibo quocunque laetus, [15]nullus me terret timor, nulla perturbatio corporis. [16]nam tu vivis sollicitus, nulla tibi est satietas, at tensa muscipula teneberis aut captus a catto comederis.'

Haec fabula illos increpat, qui se iungunt melioribus, ut fruantur aliqua bona, quae fortuna non dedit. diligant frugalem vitam homines et securi erunt in sua casella.

I,13

Potentes metuere debent infimos, ut haec attestatur fabula: [1]Vulpinos catulos aquila rapuit ac in nidum deportavit, quos pullis suis escam daret. [2]prosecuta vulpis aquilam rogabat catulos suos sibi reddi. [3]aquila contempsit vulpem quasi inferiorem. [4]vulpis plena dolore ab ara ignem rapuit, id est faculam ardentem, et arborem circumdedit collecta stipula. [5]cumque fumus et flamma perstreperent, aquila, dolore compulsa natorum, [6]ne flammis simul perirent, incolumes vulpinos catulos reddidit supplex matri.

Docet haec fabula multos, ne quis insultet inferiori et incendatur ab aliqua flamma.

genießen, und du sollst weder Angst haben noch dich fürchten.« Die vom Lande erwiderte: »Genieße du dies alles hier, die du dich weder fürchtest noch in Panik gerätst, und dich schreckt die tägliche Aufregung nicht; ich lebe bescheiden auf dem Lande, werde überallhin freudig gehen, mich schreckt keine Angst, keine körperliche Erschütterung. Denn du lebst in Unruhe, es gibt für dich keine Sättigung, und du wirst von der engen Mausefalle festgehalten oder von der Katze gefangen und aufgefressen werden.«

Diese Fabel tadelt die, welche sich mit den Bessergestellten verbinden, um irgendwelche gute Sachen zu genießen, die das Schicksal ihnen nicht gegeben hat. Die Menschen sollen das einfache Leben schätzen, und sorgenfrei werden sie sein in ihrem Häuschen.

1,13

Die Mächtigen müssen die Schwachen fürchten, wie diese Fabel bezeugt:

Die Welpen des Fuchses packte der Adler und trug sie fort in sein Nest, um sie seinen Küken als Futter zu geben. Der Fuchs verfolgte den Adler und bat, dass ihm seine Welpen zurückgegeben würden. Der Adler verachtete den Fuchs als einen ihm vermeintlich Unterlegenen. Der Fuchs, von Schmerz erfüllt, raubte Feuer von einem Altar, das heißt, eine brennende Fackel, und umgab den Baum mit Stroh, das er gesammelt hatte. Und als Rauch und Flammen prasselten, gab der Adler, getrieben vom Schmerz wegen seiner Jungen, damit sie nicht miteinander in den Flammen zugrunde gingen, die unverletzten Fuchswelpen der Mutter bittflehend zurück.

Diese Fabel lehrt viele, dass man mit einem Unterlegenen nicht sein Spiel treiben und sich nicht von irgendeiner Flamme verbrennen lassen soll.

I,14

Qui tutus et munitus est, a malo consiliatore subverti potest. auctor de illa re sic ait:

[1]Aquila testudinem rapuit et alto caelo volavit. [2]testudo se intra se collegit nec ulla parte tangi potuit. [3]contra volat cornix laudans verbo aquilam: 'optimam' inquit 'fers praedam, [4]sed huius ostendo ⟨tibi⟩ ingenium, nam sine causa portas onus, nihil factura viribus. [5]aquila illi partem promisit, sic cornix consilium dedit: [6]usque ad astra volato ⟨et vide⟩, ubi sint deorsum loca petrosa. [7]tunc volo demittas ab alto praedam, ut cornua fracta utamur esca.' [8]sic aquila fecisse dicitur, et quam natura munierat, iniquo consilio periit.

I,15

Qui se laudari gaudent verbis subdolis, decepti paenitent. de quibus similis est fabula:

[1]Cum de fenestra corvus caseum raperet, alta consedit in arbore. [2]vulpis ut hunc vidit, e contra sic ait corvo: [3]'o corve, quis similis tibi? et pennarum tuarum quam magnus est nitor! [4]qualis decor tuus esset, si vocem habuisses claram, [5]nulla tibi prior avis fuisset.' [6]at ille dum vult placere vulpi et vocem suam ostendere, validius sursum clamavit [7]et ore patefacto oblitus caseum deiecit. [8]quem celeriter vulpis dolosa avidis rapuit dentibus. [9]tunc corvus ingemuit

1,14

Wer sicher und geschützt ist, kann von einem bösen Ratgeber vernichtet werden. Der Autor spricht darüber so:

Der Adler packte die Schildkröte und flog zum hohen Himmel. Die Schildkröte zog sich in sich selbst zusammen und konnte auf keiner Seite angetastet werden. Entgegen geflogen kam die Krähe, die den Adler mit Worten lobte: »Eine sehr gute Beute«, sagte sie, »trägst du. Ich zeige dir, was hier der Trick ist, denn du schleppst ohne Sinn und Zweck die Last, weil du nichts mit deinen Kräften ausrichten wirst.« Der Adler versprach ihr einen Anteil, und so gab die Krähe ihren Rat: »Fliege bis zu den Sternen und schau, wo unten in der Tiefe eine felsige Gegend ist. Dann, so will ich es, sollst du aus der Höhe die Beute herabwerfen, so dass wir, wenn die Hornschale zerbrochen ist, sie als Speise genießen können.« So machte es der Adler, wie man sagt, und sie, die ihre Natur geschützt hatte, ging aufgrund eines böswilligen Rates zugrunde.

1,15

Die, welche sich freuen, wenn sie durch hinterlistige Worte gelobt werden, müssen es, wenn sie getäuscht worden sind, bereuen. Über sie gibt es eine passende Fabel:

Als von einem Fenster der Rabe einen Käse geraubt hatte, ließ er sich auf einem hohen Baum nieder. Sobald der Fuchs ihn erblickte, sprach er von gegenüber so zu dem Raben: »O Rabe, wer ist dir gleich? Und wie gewaltig ist der Glanz deiner Federn! Wie anmutig wärst du, wenn du eine helle Stimme hättest; kein Vogel wäre dir überlegen.« Doch während der dem Fuchs gefallen und seine Stimme zum Besten geben wollte, krächzte er sehr laut hoch droben, öffnete vergesslich den Schnabel und ließ den Käse fallen. Den raubte schnell der listige Fuchs mit gierigen Zähnen. Da seufzte der

et stupore [detentus] deceptum se paenituit. [10]sed post inrecuperabile factum [damnum] quid iuvat paenitere?

1,16

Quisquis amittit dignitatem, deponat audaciam pristinam, ne a quolibet iniuriam patiatur, ut haec fabula probat:

[1]Annis decrepitus et viribus leo cum gravatus iaceret spiritum extremum trahens, [2]aper ad eum venit iratus spumans fulmineis dentibus et vindicavit ictum veterem. [3]taurus confodit cornibus hostile corpus leonis. [4]ut asinus sic vidit feram, calcibus illi frontem aperuit. [5]et ille cum gemitu suspirans sic dixisse fertur: [6]'cum esset virtus mea, fuit honor, fuit ⟨et⟩ timor, [7]ut omnes viso me fugerent et opinio ipsa terreret plures. [8]quos autem benivolus non laesi, quibus et auxiliator fui, ipsi malignantur mihi. [9]et quia sum sine viribus, nullus est honor pristinus.'

Monet haec fabula multos mansuetos esse in dignitate.

1,17

Quem non decet reddere officia, ut quid se ingerit melioribus? De qua re auctor talem subiecit fabulam:

[1]Asinus [cum] quotidie videbat catellum blandiri dominum et de

Rabe auf, und er bereute, dass er sich in seiner Dummheit hatte betrügen lassen. Aber nach einem nicht wieder gut zu machenden Geschehen, was hilft es da, zu bereuen?

1,16

Wer seine Amtswürde verliert, soll auch sein früheres kühnes Auftreten ablegen, damit er nicht von jedem Beliebigen Unrecht erleidet, wie diese Fabel beweist:

Als der altersschwache und entkräftete Löwe leidend dalag und seine letzten Atemzüge tat, kam der Eber zu ihm, zornig schäumend mit blitzenden Zähnen, und nahm Rache für einen früheren Hieb. Der Stier durchbohrte mit seinen Hörnern den feindlichen Leib des Löwen. Als der Esel die Bestie so erblickte, öffnete er ihm mit den Hufen die Stirn. Und der holte mit einem Seufzer Atem und sprach so, wie erzählt wird: »Als da noch meine Tapferkeit war, war da Ehrerweisung, war da auch Furcht, so dass alle bei meinem Anblick flohen und allein mein Renommée sehr viele in Schrecken versetzte. Diejenigen aber, die ich aus Wohlwollen nicht verwundete, denen ich sogar ein Helfer war, selbst die misshandeln mich. Und weil ich kraftlos bin, ist die frühere Ehrerbietung nicht mehr da.«

Diese Fabel ermahnt viele, in Amt und Würden sanftmütig zu sein.

1,17

Der, für den es sich nicht gehört, Ehrerbietung zu erweisen, wozu drängt er sich Bessergestellten auf? Folgende Fabel darüber hat der Autor vorgelegt:

Der Esel sah täglich, dass das Hündchen seinem Herrn schmeichelte, vom Tisch aus gesättigt und von der Dienerschaft vielfach

mensa saturari et a familia illi largiri plura, [2]sic dixisse fertur asinus: [3]'si animal immundissimum sic diligit dominus meus et tota familia, [4]quanto me, si obsequium illi fecero? [5]plus enim melior sum cane, qui multis rebus sum utilis. [6]aqua ex sanctis fontibus alor, cibus mundus mihi datur; meliori vita frui possum et maximum honorem habere.' [7]cum haec asinus secum cogitasset, vidit dominum introire, [8]occurritque velocius, clamans prosilivit, et suprastetit, levatosque pedes priores imposuit ambobus humeris domini sui, [9]lingua eum lingens, linit et maculis vestem, fatigat dominum pondere suo. [10]clamore autem domini concitatur omnis familia, [11]fustes et lapides arripiunt ac verberibus asinum faciunt debilem, [12]membris costisque fractis sic abiciunt ad praesepia lassum atque semivirum.

Haec fabula monet, ne quis indignus se ingerat, ut melioris officium faciat.

1,18

Innox si peccat et rogat, oportet ut veniam accipiat, ne forte sit, ubi ulciscatur. ideo audiamus fabulam de hac re nobis ordinatam:

[1]Dormiente leone in silva mures agrarii luxuriantes unus ex illis super leonem non voluntarie transiit. [2]expergefactus leo celeri manu miserum murem apprehendit. [3]ille rogabat veniam sibi dari, quia non voluntate fecerat, [4]reddidit causam peccati sui, quod plures luxuriarentur [5]et quod solus inter ceteros peccaverit, supplex

beschenkt wurde, und der Esel sprach so, wie erzählt wird: »Wenn ein ganz und gar schmutziges Tier mein Herr und die ganze Dienerschaft so lieben, um wie viel mehr mich, wenn ich ihm meine Reverenz erweise? Ich bin nämlich viel besser als der Hund, der ich für viele Dinge nützlich bin. Ich werde mit Wasser aus heiligen Quellen genährt, saubere Speise wird mir gegeben; ich könnte ein besseres Leben genießen und größte Ehre erhalten.« Während der Esel dies bei sich überlegte, sah er den Herrn eintreten, lief ihm sehr schnell entgegen, sprang iahend in die Höhe, stand auf ihm, legte die erhobenen Vorderfüße auf beide Schultern seines Herrn, leckte ihn mit der Zunge ab, bedeckte auch mit Flecken sein Gewand und quälte den Herrn mit seinem Gewicht. Durch das Geschrei des Herrn aber wurde die ganze Dienerschaft gerufen, sie ergriffen Knüppel und Steine, machten den Esel durch Schläge zum Krüppel, zerbrachen ihm Glieder und Rippen und trieben ihn so zu seiner Krippe, erschöpft und nur halb bei Kräften, wie er war.

Diese Fabel mahnt, dass kein Unwürdiger sich aufdrängen soll, um das Amt eines Besseren auszuüben.

1,18

Wenn ein Unschuldiger einen Fehler macht und um Gnade bittet, muss er sie erlangen, damit es nicht etwa eine Gelegenheit gibt, dass er sich rächen kann. Deshalb lasst uns eine Fabel hören, die uns zu diesem Fall passend erzählt worden ist:

Während der Löwe im Wald schlief, sprangen die Feldmäuse ausgelassen herum, und eine von ihnen lief unfreiwillig über den Löwen. Der Löwe erwachte und ergriff mit schneller Pfote die arme Maus. Die bat, dass ihr Gnade gewährt werde, weil sie es nicht willentlich getan habe. Sie gab den Grund für ihre Verfehlung an und bekannte bittflehend, dass sehr viele noch ausgelassen herumsprängen und dass sie als einzige unter ihnen eine Verfehlung

fatetur. [6]leo vero de mure cogitabat, in tali re quid esset vindictae, [7]si occideret miserum murem; crimen autem illi erat, non aliqua laudis gloria; [8]verum ignovit et dimisit. post paucos autem dies leo in foveam cecidit. [9]captum ut se agnovit, maxima voce rugire coepit et magno dolore dat sonum. [10]mus autem, ut agnovit ⟨vocem leonis⟩, ad eum cucurrit, quid tali leoni accidisset vel quid mali evenisset, inquirens. [11]at ubi captum cognovit, 'non est' inquit 'iam, quod timeas; parem gratiam tibi reddam, non ⟨sum⟩ immemor beneficii ⟨tui⟩.' [12]dixit et omnes [artis] illius ligaturas lustrare coepit, cognovit loca rodenda, sumpsit laborem oris sui, [13]et dentibus nervos coepit secare et laxare artis illius ingenia. [14]sic mus leonem captum liberum silvis restituit.

Monet haec fabula, ne quis minimos laedat.

I,19

Qui semper blasphemat, in angustia quid rogat? videamus qualem ⟨de hoc⟩ auctor noster subiecit fabulam:

[1]Milvus cum aegrotaret et multis mensibus iaceret nec spem vitae suae videret iam esse, [2]matrem suam cum lacrimis rogabat, ut sancta loca circuiret [3]et pro salute illius vota magna promitteret. 'faciam' inquit 'quod vis, fili. [4]verum timeo ne non impetrem illud, enim vereor, nate, et vehementer timeo. [5]quando omnia delubra vastasti

begangen habe. Der Löwe aber überlegte bezüglich der Maus, was es in einer solchen Angelegenheit für eine Vergeltung sei, wenn er die arme Maus töte; es gäbe aber für ihn einen Vorwurf, nicht irgendeinen Ruhm; da verzieh er ihr und ließ sie laufen. Nach wenigen Tagen aber fiel der Löwe in eine Grube. Als er erkannte, dass er gefangen war, begann er mit sehr lauter Stimme zu brüllen und ließ sie mit großem Schmerz ertönen. Die Maus aber, als sie die Stimme des Löwen erkannte, lief zu ihm und fragte, was einem so gewaltigen Löwen widerfahren oder was für ein Unglück geschehen sei. Doch als sie erfuhr, dass er gefangen war, sagte sie: »Es gibt keinen Grund mehr, dass du dich fürchtest; ich werde dir einen entsprechenden Gefallen tun, habe deine Wohltat nicht vergessen.« Sprach's, begann alle seine Stricke genau anzusehen, fand die Stellen, die anzunagen waren, nahm die Arbeit mit ihrer Schnauze auf, fing an, mit den Zähnen die Schnüre zu zertrennen und die kunstfertige Vorrichtung zu lockern. So gab die Maus den gefangenen Löwen als einen freien den Wäldern zurück.

Diese Fabel mahnt, dass niemand den Kleinsten etwas zuleide tun soll.

I,19

Was erbittet der, welcher stets lästert, in Bedrängnis? Lasst uns sehen, was für eine Fabel hierzu unser Autor vorgelegt hat:

Als der Milan krank war, schon viele Monate darniederlag und sah, dass es für sein Leben keine Hoffnung mehr gab, bat er seine Mutter unter Tränen, heilige Stätten zu besuchen und für seine Rettung große Gelübde abzulegen. »Ich will tun, was du willst, mein Sohn«, sagte sie. »Aber ich fürchte, dass ich nichts erreiche, denn ich habe Angst, mein Sohn, und fürchte mich gewaltig. Da du alle Heiligtümer verwüstet und alle Altäre verunreinigt und die

et cuncta polluisti altaria, [6]nec pepercisti sacrificiis, nunc quid vis, ut orem?'

Audiant haec, qui commisso malo audent in malis suis loca sancta circuire maculati. sed facere et laborare debent, ut facta eorum mala deleantur.

I,20

Qui non audit bonum consilium, in se inveniet malum, ut haec approbat fabula:

[1]Spargi et arari lini semen aves omnes cum viderent, [2]pro nihilo hoc habuerunt, hirundo autem hoc intellexit, [3]et convocatis avibus retulit omnibus esse malum; [4]omnes vero aves dissimulantes riserunt. [5]deinde, ut fru[c]ticavit, iterum hirundo ait illis: 'malum est hoc, venite, eruamus illud. [6]nam cum creverit, retia facient exinde humanis artibus, quibus capi possimus.' [7]omnes verba hirundinis deriserunt eiusque respuentes consilium contempserunt. [8]ut hoc vidit hirundo, ad homines se transtulit, ut tuta esset sub tectis eorum. [9]et quia ⟨aves⟩ respuerunt monita nolentes audire consilium, semper in retibus cadunt.

Opferhandlungen nicht verschont hast, was willst du nun, worum ich bitten soll?«

Dies sollen die hören, welche, nachdem sie etwas Böses begangen haben, es wagen, in ihrem Unglück befleckt heilige Stätten zu besuchen. Nein, sie müssen darauf hinwirken und sich bemühen, dass ihre üblen Taten getilgt werden.

I,20

Wer nicht auf guten Rat hört, wird in sich einen schlechten finden, wie diese Fabel beweist:

Als alle Vögel sahen, dass Leinsamen ausgestreut und angebaut wurde, gaben sie nichts darauf, die Schwalbe aber erfasste es, und sie rief die Vögel zusammen und sagte, dass dies für alle Unheil sei; alle Vögel aber scherten sich nicht darum und lachten. Als darauf der Samen Frucht trug, sprach die Schwalbe wieder zu ihnen: »Das ist Unheil, kommt, lasst es uns ausgraben. Denn wenn es gewachsen ist, werden sie mit menschlicher Kunstfertigkeit daraus Netze machen, mit denen wir gefangen werden können.« Alle lachten über die Worte der Schwalbe, wiesen ihren Rat zurück und missachteten ihn. Als das die Schwalbe sah, begab sie sich zu den Menschen, um geschützt zu sein unter ihren Dächern. Und weil die Vögel die Ermahnungen zurückwiesen und den Rat nicht hören wollten, geraten sie stets in die Netze.

LIBER SECUNDUS

⟨*Prologus*⟩

[1]Omne genus fabularum probatur contra homines. [2]quis enim malus nisi homo et quis bonus nisi homo? [3]vitam hominum et mores satis est nobis comprehendere. [4]et tamen ausus sum breviter similes scribere fabulas. [5]dicam equidem bonorum sive nocentum gesta ... [quod ille securus vivat, qui non habet, quem timeat.]

2,1

[1]Athenienses nimis boni cum [optimi] fuissent et liberi et neminem timerent, [2]et sibi invicem servirent cum [optima et] bona voluntate, consilio vano adepto [3]maiorem sibi petierunt, qui improborum mores compesceret aut puniret. [4]exinde multi terrebantur, alii praedam patiebantur, alii autem et puniebantur [5]et quasi sub correptione dolebant haec sibi fecisse, quod satis miseri laedebantur [6]et quia caedem hanc severam legitime sustinebant, metuebant grave periculum; [7]non quia ille crudelis ⟨esset⟩, sed quia ipsi insueti ut sub lege aut sub aliena voluntate servirent, [8]grave illis pondus erat, ⟨et⟩ conversi in paenitentiam flebant. [9]tunc Aesopus illis contra talem retulit fabulam: [10]'Ranae' inquit 'vagantes in liberis paludibus et stagnis, clamore magno ad Jovem facto [11]petierunt sibi rectorem qui errantes corrigeret. [12]cum haec vellent, risit Juppiter. deinde iterum clamorem fecerunt. [13]cum nulla signa viderent, potius rogare coeperunt. [14]Juppiter pius innocentibus misit in stagno lignum magnum

BUCH 2

⟨*Prolog*⟩

Die ganze Gattung der Fabeln ist ein Zeugnis gegen die Menschen. Wer ist nämlich schlecht, wenn nicht der Mensch, und wer ist gut, wenn nicht der Mensch? Das Leben und den Charakter der Menschen zu erfassen, ist mir genug. Und dennoch habe ich es gewagt, kurz passende Fabeln zu schreiben. Sprechen werde ich jedenfalls von den Taten der Guten und der Schuldigen ...

2,1

Als die Athener sehr wohlhabend und frei waren, niemanden fürchteten und sich gegenseitig mit gutem Willen dienten, fassten sie einen sinnlosen Plan und forderten für sich einen Oberen, der die Sitten der Ruchlosen unterdrücken oder bestrafen sollte. Daraufhin wurden viele in Angst versetzt, andere wurden ausgebeutet, andere aber sogar bestraft, und wie nach einer Züchtigung bedauerten sie, dass sie sich dies angetan hatten, da sie, höchst unglücklich, Schaden erlitten, und weil sie dieses grausame Morden gesetzmäßig ertragen mussten, fürchteten sie schwere Gefahr; nicht dass jener grausam war, sondern dass sie nicht daran gewöhnt waren, unter einem Gesetz oder einem fremden Willen zu dienen, war für sie eine schwere Last, und zur Reue bekehrt weinten sie. Da erzählte Äsop ihnen als Gegenstück folgende Fabel: »Die Frösche«, sagte er, »die in freien Sümpfen und Teichen umherstreiften, machten ein lautes Geschrei hin zu Jupiter und forderten für sich einen Lenker, der die Irrenden auf den richtigen Weg lenken sollte. Als sie das wünschten, lachte Jupiter. Darauf machten sie wieder ein Geschrei. Als sie keine Himmelszeichen sahen, gingen sie dazu über, noch mehr zu bitten. Jupiter, treu gegenüber den Unschuldigen, schickte in den Teich

[tigillum], quo⟨d⟩ [sono] ⟨omnes⟩ paventes fugierunt. [15]postea vero una protulit super stagnum caput volens nosse cunctarum regem; ut vidit lignum, cunctas advocat nosse. [16]aliquae timoris plenae natant salutare magnum rectorem, [17]aliquae accedunt pavidae simul. [18]ergo ut nullus in ligno spiritus, ascendunt super illud [19]et intellegunt esse nihil et conculcaverunt pedibus. iterum rogare coeperunt. [20]tunc Juppiter misit illis ydrum, [id est magnum colubrum], qui singulas devorare coepit. [21]tunc voces cum lacrimis omnes ad sidera tollunt: "succurre, Juppiter, morimur." [22]e contra illis altitonans: [23]"cum vos peteretis, nolui, cum vellem, invidiose petistis, [24]et quia noluistis bonum ferre, sustinete malum."'

Quod ille securus vivat, qui non habet, quem timeat.

2,2

Qui se tutandum dederit homini improbo, perdit male auxilium, dum quaerit, quod sic narrat haec fabula:

[1]Cum saepe columbae fugerent asperum atque saevum milvum [timerent euntem], [2]acceptorem sibi fecerunt defensorem et patronum, quia putaverunt se sub eo esse tutas. [3]has ille fingens correptionem singulas devorare coepit. [4]tunc una ex illis ait: [5]"levior fuit molestia nobis importunum milvum pati. [6]modo enim hac potestate necamur. [7]sed digne haec patimur, quae nos tali commisimus ⟨defensori⟩.'

ein großes Holzstück, vor dem alle ängstlich flohen. Später aber streckte einer den Kopf oben aus dem Teich, weil er den König von allen kennenlernen wollte; als er das Holzstück erblickte, rief er alle dazu herbei, es kennenzulernen. Einige schwammen voll Furcht herbei, um den großen Lenker zu begrüßen, einige kamen zugleich ängstlich dazu. Als aber in dem Holzstück kein Leben war, kletterten sie darauf, begriffen, dass es ein Nichts war, und trampelten darauf mit den Füßen. Wieder fingen sie zu bitten an. Da schickte Jupiter ihnen die Wasserschlange, die anfing, sie einzeln zu verschlingen. Da erhoben alle unter Tränen die Stimmen zu den Sternen: ›Zu Hilfe, Jupiter, wir sterben.‹ Ihnen entgegnete der Hochdonnernde: ›Als ihr fordertet, wollte ich nicht, als ich wollte, habt ihr unzufrieden gefordert, und weil ihr das Gute nicht ertragen wolltet, haltet das Schlechte aus.‹«

Dass derjenige sorglos lebt, der niemanden hat, den er fürchten muss.

2,2

Wer sich, damit er beschützt wird, einem ruchlosen Menschen übergibt, verliert auf üble Weise die Hilfe, wenn er danach verlangt, was diese Fabel wie folgt erzählt:

Weil die Tauben oft vor dem rohen und grimmigen Milan fliehen mussten, machten sie den Habicht zu ihrem Schutzherrn und Patron, da sie glaubten, sie seien unter ihm sicher. Der täuschte eine Züchtigung vor und begann sie der Reihe nach zu verschlingen. Da sagte eine von ihnen: »Eine leichtere Last war es für uns, den brutalen Milan zu erdulden. Jetzt nämlich werden wir durch diese Macht getötet. Aber verdient erdulden wir dies, die wir uns einem solchen Schutzherrn anvertrauten.«

2,3

De seductoribus hominibus audiamus fabulam:

[1]Nocturnus quidam fur cum panem mitteret cani, canis dixisse fertur: [2]'panis pro gratia non datur, tu ideo das, ut me laedas. [3]et unde redditurus sum vicem domino meo et toti familiae nostrae. [4]si tu tecum totum auferas, panem porrigis mihi? [5]numquid et postea daturus es aut misericors eris mihi, cum fame victus fuero? [6]nolo fauces meas pane claudas, nolo cibum ⟨ita accipere⟩, ut lingua sileat. [7]sed ipse contra latrabo, dominum et familiam suscito, furem illis ⟨adesse⟩ nuntiabo; [8]non praesentem vitam volo, sed futuram contemplor. aut ambula aut nuntio.'

Haec illi intellegant, qui ad unum prandium rem suam perdunt.

2,4

Mentem ad locum habere quisquis debet ne malo credat, cui rei similis fabula subiecta est:

[1]Premente partu scrofa cum iaceret dolore gemens, [2]venit ad eam lupus et ait: 'expone soror, hac hora, fetum secure, [3]ego fungar obstetricis officio, stans pro solacio tibi.' [4]porcilia, improbum ut vidit, repudiavit eius officium. [5]'expono' inquit 'fetum, frater, secura, si tu recesseris. [6]obsecro da mihi honorem. fuit etiam et tibi mater.' [7]ille autem ut recessit, statim profudit sarcinam. [8]quae si

2,3

Über Verführer lasst uns eine Fabel anhören:
Als in der Nacht ein Dieb einem Hund Brot zuwarf, sagte der Hund, wie erzählt wird: »Das Brot wird nicht umsonst gegeben; du gibst es deshalb, damit du mich schädigen kannst. Und deshalb soll ich meinerseits meinen Herrn und unsere gesamte Dienerschaft dafür büßen lassen. Wenn du alles mit dir davonträgst, hältst du mir dann Brot hin? Wirst du es mir auch später geben oder Mitleid mit mir haben, wenn ich vom Hunger übermannt bin? Ich will nicht, dass du meinen Rachen mit Brot verschließt, will nicht Futter unter der Bedingung bekommen, dass meine Zunge schweigt. Nein, ich selbst werde dagegen an bellen, wecke den Herrn und die Dienerschaft auf, werde ihnen melden, dass ein Dieb da ist. Nicht das momentane Leben will ich, sondern ich schaue auf das zukünftige. Geh entweder oder ich melde.«
Dies sollen die sich klarmachen, die für ein einziges Essen ihr Vermögen vergeuden.

2,4

Jeder soll geistesgegenwärtig sein, damit er nicht einem Bösewicht glaubt, und eine dazu passende Fabel wurde vorgelegt:
Als die Sau, weil das Gebären unmittelbar bevorstand, vor Schmerz stöhnend dalag, kam zu ihr der Wolf und sprach: »Bringe, Schwester, in dieser Stunde deine Frischlinge unbesorgt zur Welt, ich werde den Dienst der Hebamme ausführen und dir zum Trost zur Seite stehen.« Als die Sau den Ruchlosen erblickte, wies sie seinen Dienst zurück. »Ich bringe«, sagte sie, »meine Frischlinge unbesorgt zur Welt, mein Bruder, wenn du dich davonmachst. Ich beschwöre dich, gib mir die Ehre. Auch du sogar hattest eine Mutter.« Als der sich aber davongemacht hatte, brachte sie sofort ihre Bürde ans

malo crederet, infelicissime periret.

2,5

Ubi timor est et gravis terror, saepe nihil est, ut haec fabula testatur:

[1]Quidam mons parturiebat et dabat gemitus magnos. [2]omnis natio ⟨regionis illius⟩ ut audivit, statim perturbata est, pavent omnia simul. [3]nullus erat memor sui, tanto et tam valido sono pavore concussi, obliti suorum. [4]mons ille qui parturiebat gemitus magnos agens deinde peperit murem. [5]fama huius rei volat, [6]et quos timor invaserat resumpserunt spiritum. [7]et quod malum putabant, in nihilum omnibus advenit.

2,6

Bonitas parentes facit, non, ut dicitur, nativitas. ut hoc agnoscamus, talem ponit auctor fabulam:

[1]Inter capellas agno vaganti canis dixisse fertur: [2]'non est hic mater tua', et oves segregatas longius ostendit agno. [3]'non illam quaero,' ait agnus 'quae me concepit in utero [4]aut portavit mensibus [novem] et in lucem fudit parturiens, [5]sed haec est quae me nutrit et dat ubera sua mihi, [6]natos autem suos fraudat, ut lac non desit mihi.' [7]e contra canis sic ait agno: 'tamen illa est tibi fortior mater quae te peperit.' [8]et agnus ait: 'ita est ut dicis, sed ut licitum est,

Licht. Wenn sie dem Bösewicht geglaubt hätte, wäre sie höchst unglückselig zugrunde gegangen.

2,5

Wo Angst und schwerer Schrecken sind, ist oft nichts, wie diese Fabel bezeugt:

Ein Berg kreißte und gab lautes Stöhnen von sich. Als alle Leute in der Gegend es hörten, wurden sie sofort beunruhigt; alles zugleich hatte Angst. Niemand war Herr seiner Sinne, sie waren durch das so gewaltige, so starke Dröhnen von Angst geschüttelt und vergaßen ihre eigenen Angelegenheiten. Der Berg, der kreißte, erging sich in lautem Stöhnen und gebar dann eine Maus. Die Kunde davon flog herum, und die, welche Furcht befallen hatte, fassten wieder Mut. Und was sie für ein Übel gehalten hatten, löste sich für alle in Nichts auf.

2,6

Güte macht zu Eltern, nicht, wie man sagt, die Abkunft. Damit wir das erkennen, setzt uns der Autor folgende Fabel vor:

Zu einem Lamm, das zwischen den Ziegen umherstreifte, sagte der Hund, wie man erzählt: »Hier ist deine Mutter nicht«, und wies das Lamm auf die weiter weg abgesonderten Schafe hin. »Ich habe kein Verlangen nach der,« sprach das Lamm, »die mich im Unterleib empfing, monatelang trug und mich gebärend ans Licht brachte, sondern die ist es, die mich ernährt und mir ihre Euter darbietet, ihre eigenen Jungen aber darum betrügt, damit mir die Milch nicht fehlt.« Der Hund entgegnete dem Lamm so: »Dennoch ist die in stärkerem Maße deine Mutter, die dich gebar.« Und das Lamm sprach: »Es ist so, wie du sagst, aber wie es erlaubt ist,

naturae concedit, [9]inscia sibi quid esset, [an] masculus, an femina. [10]pecoribus quid prodest filius nisi ut lanioni sit lucrum? [11]aut, ut putant hominum filios prodesse? [12]et in illis dubium est filios servare quemquam sibi.'

2,7

Senex horreri nullis debet nec pelli, nam quondam fuit iuvenis. quare si tibi hos velis annos, senes dilige; at si non vis senem diligere, vel facta eius priora dilige ⟨ut potes⟩, et ex hoc audi fabulam subiectam:

[1]Canis cum domino suo semper satis fecisset iuvenis venando, [2]annis iam gravatus et sua aetate iam tardus, [3]dentes autem infirmos ferens, cum comprehenderet auritum [leporem], [4]sua virtute lepusculus eripuit de ore canis [5]suum corpus. quia non fuerat laesum, fatigat per campum canem. [6]irascitur dominus cani et obiurgat ineptum rei. [7]cui canis contra sic dixisse fertur: [8]'sunt animi sine viribus, sunt mihi scabrosi dentes, [9]fuimus aliquando fortes, laudasti quod fuimus, nunc damnas quod sumus. [10]memorare pristina et quod hodie possumus, apud te bonum et gratum sit.'

Ergo haec fabula nobis probat, quod, si quis bene egit iuvenis, ut senex non contemnatur.

überließ sie alles der Natur, ohne zu wissen, was es sein werde, Männchen oder Weibchen. Was nützt den Schafen ein männliches Junges, außer dass es dem Schlachter Gewinn bringt? Oder wie ist es damit, dass man glaubt, die Söhne der Menschen seien nützlich? Auch bei ihnen ist zweifelhaft, ob man sich seine Söhne erhält.«

2,7

Ein alter Mann darf von niemandem gescheut und vertrieben werden, denn einst war er ein junger Mann. Wenn du daher diese Jahre für dich wünschst, schätze die alten Männer; doch wenn du einen alten Mann nicht schätzen willst, schätze wenigstens seine früheren Taten, wie du kannst, und höre, von da ausgehend, die dir vorgelegte Fabel:

Als ein Hund, nachdem er seinem Herrn in jungen Jahren bei der Jagd stets Genüge geleistet hatte, von den Jahren schon beschwert, durch sein Alter schon langsam und mit schwachen Zähnen ein Langohr fasste, entriss das Häschen aus eigener Kraft dem Maul des Hundes seinen Leib. Weil es nicht verwundet war, hetzte es über das ganze Feld hin den Hund. Der Herr war zornig über den Hund und beschimpfte ihn als unfähig für seine Aufgabe. Ihm entgegnete der Hund, wie erzählt wird: »Mein Tatendrang ist ohne Kraft, meine Zähne sind stumpf, einst war ich stark; du lobtest, was ich war, jetzt verurteilst du, was ich bin. Erinnere dich an das Frühere, und was ich heute kann, möge für dich gut und willkommen sein.«

Also beweist uns diese Fabel, dass, wenn einer in jungen Jahren gut gehandelt hat, er als alter Mann nicht verachtet werden soll.

2,8

Tempora tolerari debent et homines tempori cedere. quicunque malum non tolerat, aliorum mala inspiciat, nam ex hoc audi fabulam:

[1]Nam cum strepitus magnus ad lepores subito veniret, [2]consilium simul fecerunt, ut se praecipitarent, propter adsiduos metus. [3]veneruntque ad oram fluminis, ubi ranae multae erant. [4]at ubi venit agmen leporum, expaverunt ranae et in fluvium se iactaverunt. [5]lepores cum hoc viderent, unus illorum 'sunt' inquit 'et alii timentes sicut nos. [6]sequamur vitam ut ceteri, feramus si quid acciderit ⟨mali⟩, neque enim erit toto tempore malum.'

2,9

Praecepta parentum audire natorum salus est, sicut haec fabula docet:

[1]Capella cum esset feta et ad pastum vellet ire, [2]ignarum haedum ammonuit, ne aperiret alicui, sciens quod multae ferae stabula pecorum circuirent. [3]monuit et exinde abiit. [4]venit lupus vocem assimilans matris ac ⟨aperire iussit⟩. [5]et haedus per rimas aspiciens sic ait: 'vocem matris audio, sed tu fallax et inimicus es, [6]et sub matris voce nostrum quaeris sanguinem.'

Sic qui monetur, caute vivit.

2,8

Die Zeitläufte müssen ertragen werden und die Menschen der Zeit Zugeständnisse machen. Wer auch immer ein Übel nicht erträgt, möge die Übel anderer betrachten; also von da ausgehend höre die Fabel:

Also, als plötzlich ein lauter Lärm zu den Hasen drang, fassten sie miteinander den Plan, sich wegen der ständigen Ängste von einer Höhe herabzustürzen. Und sie kamen zum Ufer eines Flusses, wo viele Frösche waren. Doch sobald der Hasenschwarm kam, erschraken die Frösche und stürzten sich in den Fluss. Als die Hasen das sahen, sagte einer von ihnen: »Es gibt auch andere, die sich fürchten wie wir. Setzen wir denn das Leben fort wie die anderen, ertragen es, wenn etwas Übles geschieht, denn es wird nicht die ganze Zeit ein Übel sein.«

2,9

Auf die Lehren der Eltern zu hören ist zum Wohle der Kinder, wie diese Fabel lehrt:

Als die Ziege trächtig war und zum Weiden gehen wollte, ermahnte sie das unwissende Böckchen, niemandem aufzumachen, weil sie wusste, dass viele wilde Tiere um die Ställe des Kleinviehs herumstreiften. Sie mahnte und ging darauf weg. Da kam der Wolf, machte die Stimme der Mutter nach und hieß es aufmachen. Und das Böckchen schaute durch die Ritzen und sprach so: »Ich höre die Stimme meiner Mutter, aber du bist heimtückisch und ein Feind, und unter Vortäuschung der Stimme meiner Mutter begehrst du mein Blut.«

So lebt vorsichtig, wer sich ermahnen lässt.

2,10

Suspectus esse debet semper, qui aliquem laesit aliquando ⟨quod est maxime timendum cum inimico in gratiam redire⟩ sicut probat haec fabula:

[1]In domo cuiusdam pauperis venire semper consueverat serpens ad mensam eius et inde fovebatur ex micis. [2]non longo post tempore factus est dives homo ille et coepit irasci serpenti, quem secure vulneravit. [3]interposito tempore ille ad egestatem rediit. [4]intellexit fortuna serpentis hoc accidisse et causa illius divitem fieri, antequam ab illo laceraretur. [5]venit deprecans, ut ignosceret peccanti. [6]contra sic serpens ait: 'quia paeniteris sceleris tui, ignoscam. [7]sic dum cicatrix clausa erit, non credas in me integram fidem. [8]nam redeo tecum in gratiam, si obliviscar securis perfidiam.'

Ita suspectus esse debet, qui aliquem laesit aliquando.

2,11

Fraudatores cum mutuantur, fidedictores dant improbos, ut haec fabula narrat:

[1]Rogabat cervus ovem modium tritici sibi praestari [2]die posito in quo sibi [reddere] restituere deberet, [3]praesente et fidedicente lupo. [4]ovis ad praesens promisit praesentia inimici territa. [5]cum ad eam veniret cervus, [6]ovis cervo sic ait: 'dies cum venerit, quis reddet mihi ⟨quod tibi praestabo⟩? [7]tu quatis ungula campum, [8]lupus ubi vult peragrat, [9]magnae sunt vestrae fallaciae.'

2,10

Verdächtig muss immer sein, wer einmal einen verletzt hat, weil man sich sehr davor scheuen muss, mit einem Feind zur Freundschaft zurückzukehren, wie diese Fabel beweist:

In das Haus eines Armen pflegte eine Schlange stets an seinen Tisch zu kommen, und sie wurde dort mit Brocken verwöhnt. Nicht lange Zeit später wurde jener Mensch reich und geriet in Zorn über die Schlange, die er mit einem Beil verletzte. Nach einiger Zeit kehrte er zu seiner Bedürftigkeit zurück. Er begriff, dass dies wegen des Schicksals der Schlange geschehen war und er um ihretwillen reich wurde, bevor sie von ihm zerfleischt wurde. Er kam und bat, dass sie ihm seine Verfehlung verzeihe. Die Schlange entgegnete ihm so: »Weil du deine Untat bereust, will ich dir verzeihen. So darfst du denn, bis die Narbe geschlossen ist, nicht dein volles Vertrauen in mich setzen. Denn ich kehre dann zur Freundschaft mit dir zurück, wenn ich die Treulosigkeit der Axt vergessen kann.«

So muss verdächtig sein, wer einmal einen verletzt hat.

2,11

Wenn Betrüger etwas ausleihen, stellen sie ruchlose Bürgen, wie diese Fabel erzählt:

Der Hirsch bat das Schaf, dass ihm ein Scheffel Weizen geliehen werde bis zu einem festgesetzten Tag, an dem er es zurückerstatten müsse, wobei der Wolf als Bürge gegenwärtig war. Das Schaf versprach es im gegenwärtigen Moment, weil es durch die Gegenwart seines Feindes erschreckt war. Als der Hirsch zu ihm kam, sprach das Schaf zum Hirsch so: »Wenn der Tag kommt, wer wird mir zurückgeben, was ich dir leihen werde? Du stampfst mit dem Huf das Feld, der Wolf streift umher, wo er will, und groß sind eure Betrügereien.«

Docet haec fabula caute quibuscunque credere.

2,12

Qui sibi iniuriam facit, alio pulsante ridendus non est, ⟨ut haec fabula narrat⟩:

[1]Ut calvo fuit iniuriosa musca et nudum caput capillis assiduo morsu tundebat. [2]ille sibi alapis non parcebat, volens inimicam capere. [3]illa ridens plus faciebat molestiam et calvus ad eam sic ait: [4]'mortem quaeris improba, [5]nam facile mecum redeo in gratiam, [6]tu autem mea morieris alapa.'

Haec fabula de iniuriosis dicit, qui sibi inimicos creant.

2,13

Quod tibi non vis fieri, alii ne feceris. [de] simili ratione posuit nobis auctor fabulam:

[1]Vulpis ad cenam ciconiam prior invitavit [2]et posuit illi in catino sorbitionem liquidam, [3]de qua satiari non potuit. [4]esuriens et irata rediit ciconia. [5]post paucos dies et illa rogabat vulpem, ut veniret ad cenam. [6]et sic ciconia fecisse dicitur: [7]in lagoena vitrea posuisse lautiores simul escas. [8]prior coepit sumere ciconia, deinde hortatur vulpem. [9]statim vulpis iniuriam sensit et sic ciconia dixit vulpi: [10]'si bona dedisti, accipe; si dedignaris, ⟨non est mihi curae; si vis⟩ ignosce.'

Es lehrt diese Fabel, allen nur mit Vorsicht zu glauben.

2,12

Wer sich selbst Gewalt antut, weil ein anderer ihn quält, soll nicht ausgelacht werden, wie diese Fabel erzählt:

Als einem Kahlkopf gegenüber eine Fliege gewalttätig war und seinen von Haaren entblößten Kopf mit ständigen Bissen bestürmte, verschonte er sich nicht mit Schlägen, weil er die Feindin zu fassen kriegen wollte. Die machte ihm noch mehr Ärger, wobei sie lachte, und der Kahlkopf sprach so zu ihr: »Du Ruchlose suchst den Tod, denn ich kehre leicht zur Freundschaft mit mir selbst zurück, du aber wirst durch meinen Schlag sterben.«

Diese Fabel spricht über Gewalttätige, die sich Feinde machen.

2,13

Was du nicht willst, dass es dir angetan wird, tue einem anderen nicht an. In einem ähnlichen Sinne verfasste der Autor für uns die Fabel:

Der Fuchs lud den Storch zuerst zum Essen ein, und er setzte ihm in einer flachen Schüssel wässrige Brühe vor, von welcher der nicht gesättigt werden konnte. Hungrig und zornig ging der Storch heim. Nach wenigen Tagen bat er wiederum den Fuchs, zu ihm zum Essen zu kommen. Und so machte es der Storch, wie erzählt wird: In einer gläsernen Flasche setzte er leckere Speise miteinander vor. Zuerst griff der Storch zu, dann forderte er den Fuchs auf. Sofort merkte der Fuchs den Affront, und so sprach der Storch zum Fuchs: »Wenn Du mir Gutes gegeben hast, nimm dies; wenn du es verschmähst, ist es nicht mein Problem; wenn du willst, verzeih.«

Hoc de his dicitur, qui verbis se deludunt, ita vero fatigantur iniuria. – monet haec fabula nulli facere imposturam.

2,14

De parum sapientibus auctor dixit fabulam:

[1]Personam tragoedi lupus in agro invenit, [2]quam semel et iterum vertit. [3]'o quanta species,' ait 'et cerebrum non habet.'

Haec de illis dicuntur, qui gloriam et honorem habent, sensum autem non habent ullum.

2,15

Ne quis de alienis magnum se proferat bonis, suoque modico potius oportet ut ornetur, ne turpis sit, cum expoliatur, inde auctoris audi fabulam:

[1]Gracculus tumens superbia et vana audacia, [2][sumens] pavonis pennas, quae ceciderant, sustulit et se ornavit, [3]et coepit contemnere suos miscuitque se gregi pavonum. [4]illi ignoto et impudenti pennas iniuriosi eripiunt, [5]calcibus et morsibus fatigant. semivivus ab eis relictus [6]et graviter maleque sauciatus redire timuit miser ad proprium suum genus, [7]ubi cum esset ornatus [et] multos iniuriose terrebat. [8]tunc unus ex illis ait illi: 'dic nobis, si non erubesceres, [9]ut et tuas vestes amasses et quod natura dedit, hoc tibi sufficeret, [10]nec ab aliis passus fuisses iniuriam nec a nobis pulsus fuisses. [11]hoc tibi

Das wird über die gesagt, die sich durch Worte täuschen, so aber durch einen Affront geärgert werden. – Es mahnt diese Fabel, niemandem einen Betrug anzutun.

2,14

Über zu wenig Kluge hat der Autor die Fabel erzählt:

Der Wolf fand auf einem Feld einen Tragöden, den er einmal und wiederum umdrehte. »O welch großartige Erscheinung«, sagte er, »und sie hat doch kein Hirn.«

Das wird über die erzählt, die Ruhm und Ehre, aber keine Empfindung haben.

2,15

Dass man sich nicht mit fremdem Gut groß hervortun soll und sich lieber mit seinem mäßigen Gut schmücken muss, damit man nicht eine Schande ist, wenn man beraubt wird, darüber höre die Fabel des Autors:

Eine von Hochmut und eitlem Wagemut aufgeblasene Dohle hob Pfauenfedern auf, die heruntergefallen waren, und schmückte sich damit. Und sie fing an, Ihresgleichen zu verachten, und mischte sich in die Schar der Pfauen. Die rissen der Unbekannten und Unverschämten die Federn gewalttätig heraus und peinigten sie mit Tritten und Bissen. Halbtot wurde sie von ihnen liegengelassen und schwer und übel verwundet, wie sie war, scheute sich die Unglückliche, zu ihrer eigenen Sippe zurückzukehren, wo sie, als sie herausgeputzt war, viele frech erschreckte. Da sprach eine von ihnen zu ihr: »Sage uns, falls du nicht erröten musst: Wenn du dein Gewand geliebt hättest und dir das genügen würde, was die Natur dir gab, hättest du von anderen keine Gewalt erlitten und wärst nicht von

bonum fuit, si ad quod habebas, viveres.'

2,16

Quisquis se laudaverit, ad nihilum saepe devenit, ut hac docetur fabula:

[1]Nam formica et musca contendebant acriter, quae melior illarum fuisset. [2]musca sic coepit prior: 'numquid te nostris poteris comparare laudibus? [3]ubi immolatur, exta primum ego gusto, in capite regis sedeo. [4]et omnibus matronis oscula dulcia figo, de quibus rebus tu nihil.' [5]et formica sic ait contra haec: [6]'haec tu dicis, improba pestis? [7]et tu laudas importunitatem tuam? numquid optata venis? [8]reges autem nominas et matronas castas? [9]tu importuna ades et dicis omnia tua esse, cum ubicunque accesseris, effugaris. [10]undique importuna pelleris, quasi iniuriosa abigeris. [11]aestate vales, bruma veniente peris. ego vero sum deliciosa. [12]hieme mihi secura sum, me incolumem habet tempus. [13]me gaudia sequuntur, [14]tu cum ventoso flabello pelleris sordida.'

Haec fabula litigiosorum est. dicis, dico, laudas, laudo, vituperas, vitupero.

2,17

Aliquanti, cum nihil sint, irascuntur melioribus et graviter minantur, cum nihil facere possint. quod in subiecta patet fabula:

uns vertrieben worden. Das wäre für dich gut gewesen, wenn du gemäß dem gelebt hättest, was du besaßt.«

2,16

Jeder, der sich selbst lobt, gelangt oft ins Nichts, wie durch diese Fabel gelehrt wird:

Also, die Ameise und die Fliege stritten heftig darüber, welche von ihnen besser sei. Die Fliege ergriff zuerst wie folgt das Wort: »Wirst du dich mit meinen Ruhmestaten vergleichen können? Wo geopfert wird, koste zuerst ich von den Eingeweiden, und ich sitze auf dem Haupt des Königs. Und allen Matronen drücke ich süße Küsse auf; von alldem hast du nichts.« Und die Ameise entgegnete ihr wie folgt: »Das sagst du, ruchlose Pest? Und du lobst deine Frechheit? Kommst du etwa erwünscht? Könige aber führst du an und sittsame Matronen? Du kommst frech daher und sagst, alles gehöre dir, da du doch, wo auch immer du hinkommst, fortgescheucht wirst. Von überall wirst du als frech vertrieben, als Gewalttätige verjagt. Im Sommer bist du stark, wenn die Wintersonnenwende kommt, gehst du zugrunde. Ich aber bin verwöhnt. Im Winter bin ich sicher, die Jahreszeiten tun mir keinen Schaden. Mich begleiten die Freuden, du Schmutzige wirst mit dem Luft spendenden Fächer vertrieben.«

Diese Fabel betrifft die Streitsüchtigen. Du sprichst, ich spreche, du lobst, ich lobe, du tadelst, ich tadle.

2,17

Manche zürnen, obwohl sie nichts sind, den Besseren und drohen ihnen heftig, obwohl sie nichts machen können. Das wird in der vorgelegten Fabel deutlich:

[1]Sicut musca, quae sedit in temone et mulae iunctae [2]'quam tarde ambulas' ait. 'ambula, nam pungo tibi cervicem.' [3]sic mula dixisse fertur: [4]'verba tua non pavesco, [5]sed huius, qui prima sella sedit, qui frenis ora temperat, [6]et loris iter flectit flagello excusso. nobis potius hic timendus est. [7]tu autem insolens et vana, [8]quae nihil aliquando vales fortioribus facere.'

2,18

Qui semel fraude inclaruit, semper turpiter vivit, et si verum dicat, non illi creditur, ut haec testatur auctoris brevis fabula:

[1]Lupus arguebat vulpem iratus furti crimine. [2]illa negabat se esse ream. tunc iudex sedit simius aequissimus et verax, [3]qui inter praesentes reum agnosceret. [4]illi contra ⟨se⟩ causas dicunt, nudant fraudes suas [5]et vera sibi dicunt mutuo crimina. [6]tunc iustus et verax iudex iudicavit inter partes [7]et de libello sententiam legit. [8]'tu' inquit 'quaeris, quod non perdidisti et te tamen credo aliquid surripuisse, [9]quod bene negas in iudicio. talis sit abolitio vestra et pares exite concordes.'

Scitote omnes, quis, qui fraudem assuetus est, semper pessime vivet.

So zum Beispiel die Fliege; die saß auf der Deichsel und sagte zu dem daran gebundenen Maultier: »Wie langsam du gehst! Geh, denn sonst steche ich dir in den Hals.« So sprach das Maultier, wie erzählt wird: »Deine Worte fürchte ich nicht, sondern die dessen, der auf dem Sitz vorne sitzt, der mit den Zügeln das Gebiss lenkt und mit den Riemen den Weg weist, nachdem er die Peitsche geschwungen hat. Der ist für uns vornehmlich zu fürchten. Du aber bist unverschämt und eitel, die du nichts den Stärkeren gegenüber jemals zu machen vermagst.«

2,18

Wer einmal durch Betrug bekannt geworden ist, lebt immer in Schande, und wenn er die Wahrheit sagt, wird ihm nicht geglaubt, wie diese kurze Fabel des Autors bezeugt:

Der Wolf beschuldigte den Fuchs zornig des Verbrechens eines Diebstahls. Der leugnete, dass er schuldig sei. Da hatte den Vorsitz als gerechtester und wahrheitsliebender Richter der Affe, der unter den Anwesenden den Schuldigen erkennen sollte. Die brachten gegeneinander Rechtsgründe zur Sprache, legten ihre Betrügereien bloß und sagten sich gegenseitig ihre wahren Verbrechen. Da richtete der gerechte und wahrheitsliebende Richter über die Parteien und las aus der Anklageschrift sein Urteil vor. »Du«, sagte er, »verlangst, was du nicht verloren hast, und von dir glaube ich dennoch, dass du heimlich etwas geraubt hast, was du vor Gericht gut verleugnest. Solcher Art sei eure Freisprechung, und so geht als gleich Behandelte einträchtig davon.«

Wisset alle, dass, wer sich an Betrug gewöhnt hat, immer sehr schlecht leben wird.

2,19

Quibus servi serviunt benivoli, ita illis reddunt meritum domini sui ⟨et⟩ sic improbiter fallacia repudiant cuiusque officium, ut nobis probat haec fabula:

[1]Mustela cum apprehenderet mures, homo eam cepit. [2]illa cum ⟨au⟩fugere non posset, [dixit illi] ‘rogo’, inquit, ‘parcas mihi, [3]quia a molestis muribus semper domum tuam purgavi.’ [4]at ille ad eam sic locutus est: [5]‘non causa mea facis ⟨hoc⟩, nam gratam te haberem, si pro me fecisses, [6]et ego veniam dedissem tibi; [7]nam ideo mures necas, ut comedas reliquias nostras, quas illi fuerant rosurae, [8]tu totum devoras et omnia tecum deportas. [9]nolo mihi imputes beneficium.’ [10]dixit et innocuam morti dedit.

2,20

Potentem si quis pauper vult imitare, crepat, de hac re talem auctor posuit fabulam:

[1]In prato quaedam rana vidit pascentem bovem, [2]putabat se posse fieri talem, si rugosam pellem inflaret. [3]inflavit se pro viribus natosque suos interrogavit: [4]‘sum ipsa quantus bos?’ dixerunt: ‘non.’ [5]iterum se inflavit potius et dixit suis: [6]‘quid modo?’ responderunt: ‘nihil simile.’ [7]tertio cum se inflavit, [8]rupta pelle mortua est.

Ideo ⟨hoc exemplo cautus esto, quisquis supra vires tuas agere conaris⟩. – et vulgo dicitur: noli te inflare, ne crepes.

2,19

Wenn ihnen wohlgesonnene Diener dienen, lohnen denen ihre Herren das Verdienst ebenso, wie ruchlose Täuschungen zur Ablehnung der Dienstleistung eines jeden führen, wie uns diese Fabel beweist:

Als das Wiesel sich Mäuse schnappte, fing es der Mensch. Da es nicht entfliehen konnte, sagte es: »Ich bitte dich, schone mich, weil ich dein Haus immer von lästigen Mäusen gesäubert habe.« Doch der sprach zu ihm so: »Nicht um meinetwillen tust du das, denn ich würde dich als willkommen betrachten, wenn du es für mich getan hättest, und ich hätte dir Verzeihung gewährt; aber du tötest deshalb die Mäuse, damit du unsere Reste auffressen kannst, welche die anknabbern wollten; du verschlingst das zur Gänze und trägst alles mit dir weg. Ich will nicht, dass du mir eine Wohltat zuschreibst.« Sprach's und schickte es unschuldig in den Tod.

2,20

Wenn ein Armer einen Mächtigen nachahmen will, platzt er. Darüber hat der Autor folgende Fabel verfasst:

Auf einer Wiese sah ein Frosch ein Rind weiden, und er glaubte, er könne ihm ähnlich werden, wenn er seine faltige Haut aufblase. Er blies sich nach Kräften auf und fragte seine Jungen: »Bin ich schon so groß wie das Rind?« Sie sagten: »Nein.« Wieder blies er sich auf, mehr noch, und sagte zu den Seinen: »Was jetzt?« Sie antworteten: »Gar nicht ähnlich.« Als er sich zum dritten Mal aufblies, platzte seine Haut, und er starb.

Daher sei aufgrund dieses Beispiels vorsichtig, wer auch immer du bist, der du über deine Kräfte hinaus zu handeln versuchst. – Und allgemein wird gesagt: Blas dich nicht auf, damit du nicht platzt.

LIBER TERTIUS

3,1

Debent potentes gratiam miseris rependere, et si longum sit tempus, oblivio non esse debet. nam et sic factum fuisse probat haec fabula:

[1]In silva cum erraret leo, festinans stirpem calcavit et collecta intus
sanie claudicare coepit. [2]fera pastori cum occurreret, cauda sua
blandire ei coepit suspenso interim pede. [3]perturbatus vero pastor,
ut leonem ad se venire vidit, pecudes ei obiecit putans leonem
escam quaerere. [4]leo vero non escam quaerens, sed potius ab illo
medicinam, nec moratus in sinu pastoris posuit pedem. [5]pastor ut
vidit vulnus et magnam contusionem, tunc memor sui invenit
ingenium, [6]sumpsit acutam subulam et paulatim aperuit vulnus.
[7]patefacta est contusio, saniem simul et stirpem fudit. [8]leo sensit
refrigerium et pro pretio medicinae manum pastoris lingua linxit,
[9]assedit lateri eius paulisper, resumpsit virtutem et abiit incolumis.
[10]post aliquantum tempus leo ipse capitur, ut esset in arena amphi-
theatri et curreret ibi, [11]pastor crimine oppressus datur ad bestias eo
in loco, ubi leo missus est. [12]pastor in arena dimittitur et leo foris.
[13]leo ⟨qui⟩ semper impetu veniebat, dimissus paulatim ambulavit,
[14]quousque ad pastorem venit, quem cum vidisset, agnovit, [15]oculos
et vultum cum ingenti rugitu ad populum levavit. [16]deinde circum-
iit podium et rediens bestiario assedit, invitat eum redire ad sua nec

BUCH 3

3,1

Die Mächtigen müssen den Elenden Dankbarkeit erweisen; auch wenn lange Zeit vergeht, darf es kein Vergessen geben. Denn dass es auch so geschehen ist, beweist diese Fabel:

Als ein Löwe in einem Wald umherstreifte, trat er, während er dahineilte, in einen Splitter, und weil sich innen Eiter ansammelte, begann er zu hinken. Als das wilde Tier einem Hirten begegnete, begann es ihm mit seinem Schweif zu schmeicheln, wobei es hin und wieder den Fuß hochhob. Der Hirte aber war beunruhigt, als er den Löwen auf sich zukommen sah, und hielt ihm seine Schafe hin, weil er glaubte, der Löwe verlange nach Futter. Der Löwe aber, der nicht nach Futter verlangte, sondern vielmehr nach Heilung von ihm, setzte, ohne zu zögern, seinen Fuß in den Schoß des Hirten. Als der Hirte die Wunde und den großen Abszess erblickte, da besann er sich auf sich selbst und kam auf eine gute Idee, nahm eine scharfe Ahle und öffnete sachte die Wunde. Als der Abszess aufgemacht worden war, goss er zugleich mit dem Eiter den Splitter aus. Der Löwe spürte die Erleichterung, und als Entgelt für die Heilung leckte er die Hand des Hirten mit der Zunge, saß ein Weilchen an dessen Seite, gewann seine Kraft wieder und ging wohlbehalten davon. Nach einiger Zeit wurde genau dieser Löwe gefangen, damit er in der Arena eines Amphitheaters sei und dort herumlaufe, und der Hirte, eines Verbrechens überführt, wurde an die wilden Tiere an dem Ort übergeben, wohin der Löwe geschickt worden war. Der Hirte wurde in die Arena und der Löwe nach draußen losgelassen. Der Löwe, der stets mit Schwung herankam, ging, als er losgelassen war, sachte, bis er zu dem Hirten kam, den er, als er ihn erblickt hatte, erkannte, und er erhob seine Augen und seinen Blick unter gewaltigem Brüllen zum Volk. Dann ging er am Balkon herum, kehrte zu dem Tierkämpfer zurück, setzte sich

reliquit hominem. [17]intellexit pastor leonem sui causa diutius stare, suspicatur illum esse, cui iam in silva notus fuit, cui et contusionem aperuerat. [18]dimittitur unus et alter, ut recederet, ille autem non recessit, sed defendit eum. [19]populus, ut haec vidit, mirari coepit, causamque de bestiario quaerunt. [20]cumque bestiarius causam reddidisset populo, [21]omnes suffragio magno petunt illis indulgentiam, [22]et dimissi sunt simul, leo ad silvam et pastor ad sua propria.

Hoc notum debet esse, ut omnes homines bonas sibi reddant invicem gratias.

3,2

Quicunque artem ignorant, illi se produnt, sicut nobis haec fabula refert:

[1]Equum pascentem vidit leo fortissimus in prato. [2]hunc vero ut subtiliter falleret, se ei approximavit veluti familiaris, qui se diceret medicum. [3]equus praesensit dolum, sed tamen non repudiavit officium. [4]denique mente ad locum invenit cito ingenium. [5]finxit se stippem calcatum habere levato pede. [6]'frater' inquit 'succurre, gratulor, quia venisti, libera me, quia stippem calcavi. [7]leo quasi patiens accessit fraudem dissimulans. [8]cui velociter equus calces turbulentos dedit. [9]cadit corpus hostile leonis et incubuit amens in terra diutius. [10]at ubi memor sui factus nusquam vidit equum, [11]intellexit caput et faciem et toto corpore se esse laesum [12]et ait: 'digne haec passus sum, qui semper lanius veniebam [13]atque nunc

neben ihn, ermunterte ihn, nach Hause zurückzukehren, und ließ den Menschen nicht allein. Der Hirte begriff, dass der Löwe seinetwegen da verharrte, vermutete, es sei der, mit dem er schon in dem Wald bekannt wurde und dem er den Abszess geöffnet hatte. Da wird einer und ein zweiter losgelassen, damit der zurückwich, er wich aber nicht zurück, sondern verteidigte ihn. Als das Volk dies sah, geriet es in Verwunderung, und sie fragten den Tierkämpfer nach dem Grund. Als der Tierkämpfer dem Volk den Grund angegeben hatte, forderten alle durch eine große Abstimmung Begnadigung für sie. Und sie wurden beide miteinander entlassen, der Löwe in den Wald und der Hirte zu seinem Anwesen.

Dies muss bekannt werden, damit alle Menschen sich wechselseitig gute Dankbarkeit erweisen.

3,2

Alle, welche ihre Kunst nicht beherrschen, die verraten sich, wie uns diese Fabel erzählt:

Ein Pferd auf einer Wiese weiden sah ein sehr starker Löwe. Um es aber schlau zu täuschen, näherte er sich ihm als Freund, der sich Arzt nannte. Das Pferd ahnte von vornherein die List, wies jedoch die Dienstleistung nicht zurück. Schließlich kam es durch Geistesgegenwart rasch auf eine gute Idee. Es gab vor, in einen Dorn getreten zu sein, wobei es den Fuß hob. »Mein Bruder«, sagte es, »hilf mir; ich danke dir freudig, weil du gekommen bist, befreie mich, weil ich in einen Dorn getreten bin.« Der Löwe trat so heran, als ob er friedlich wäre, und verhehlte den Betrug. Ihm verpasste schnell das Pferd seine donnernden Hufe. Der feindliche Leib des Löwen fiel um und lag länger besinnungslos auf der Erde. Doch als der wieder zu sich selbst kam, sah er das Pferd nirgendwo, bemerkte, dass er am Kopf, im Gesicht und am ganzen Leib verletzt war, und sprach: »Verdient habe ich dies erlitten, der ich stets als

quasi familiaris et medicus fallax accessi, [14]qui inimicus, ut consueveram, venire debui.'

Ideo quisquis haec audis, quod es esto, et mentiri noli.

3,3

De temporibus et fortunis audiamus scriptam fabulam. qui se sciunt esse felices, nulli faciant iniuriam dubiumque esse meminerint, quicquid est in fortuna positum, ut haec fabula narrat:

[1]Equus quidam, ornatus freno ex auro et argento, sella et nacco pretioso, [2]satis decorus membra iuventa, occurrit asino in angusto [3]de longe venienti et onusto. [4]et quia illi transeunti tardius dederat viam, [5]eo quod ex itinere lassatus erat, dixisse equus asino fertur: [6]'satis me' inquit 'teneo, nam te calcibus rumperem, [7]qui obvianti mihi non rediisti aut stares, dum transirem.' [8]terrore illius ac superbiae tacuit miser asellus [9]et cum gemitu testatur deos. deinde non longo post tempore [10]equus ruptus currendo nullam iam habens ⟨custodiam et⟩ diligentiam [11]macer effectus est. iubet dominus, ut ducatur ad villam [12]et portet stercus in agros. [13]accepit ornamenta rustica et onustus ibat per semitas. [14]asellus ille in prato pascens agnovit equum iam infelicem, quem tali sono increpat: [15]'quid tibi profuerunt illa ornamenta pretiosa, ut talem haberes audaciam? [16]nunc et tu modo nostris fungeris rusticanis officiis, num quid modo habes audaciam?'

Schlachter daherkam und jetzt so, als ob ich ein Freund und Arzt wäre, trügerisch herantrat, der ich aber als Feind, wie ich es gewohnt war, hätte kommen müssen.«

Daher, wer du auch bist, der du dies hörst: Sei, was du bist, und lüge nicht.

3,3

Lasst uns eine über Zeitläufte und Schicksale geschriebene Fabel hören. Die, welche wissen, dass sie glücklich sind, sollen niemandem Unrecht tun und sich daran erinnern, dass alles zweifelhaft ist, was auf Glück beruht, wie diese Fabel erzählt:

Ein Pferd, das mit Zaumzeug aus Gold und Silber, Sattel und kostbarer Satteldecke geschmückt und sehr schön mit seinen jugendlichen Gliedern war, begegnete an einer Wegenge einem Esel, der von weit her kam und beladen war. Und da der ihm, während es vorbeiging, deshalb zu langsam den Weg freigab, weil er vom Marsch erschöpft war, sprach das Pferd, wie erzählt wird, zu dem Esel: »Ich muss mich«, sagte es, »sehr zurückhalten, denn ich würde dich mit den Hufen zerbrechen, der du, als ich dir begegnete, nicht zurückwichst oder stehen bliebst, bis ich vorbeigegangen war.« Erschrocken über den und dessen Hochmut schwieg der arme Esel, und er rief mit Seufzen die Götter zu Zeugen an. Dann, nicht lange Zeit später, hatte sich das Pferd beim Laufen verletzt, und weil es keine Aufsicht und Pflege mehr hatte, wurde es mager. Der Herr befahl, dass es aufs Landgut geführt wurde und Mist auf die Felder trug. Es bekam bäuerlichen Schmuck und ging beladen über Pfade. Jener Esel weidete auf einer Wiese und erkannte das schon unglückliche Pferd, das er in folgendem Ton anfuhr: »Was hat dir dein kostbarer Schmuck genützt, dass du eine solche Frechheit besaßest? Jetzt leistest auch du nur unsere bäuerlichen Dienste. Hast du etwa jetzt noch deine Frechheit?«

Ammonet omnes haec fabula, ne quis in potentatu suo velit aliquos terrere.

3,4

De bilinguis hominibus Aesopus talem composuit fabulam. qui se duabus partibus obnoxium commiserit, hic et illic ingratus vivit et reus erit potius sibi:

[1]Quadrupedes cum avibus bellum magnum gerebant et nulla pars alii[s] cedebat, [2]sed pugnabant fortiter, moras quidem multas facientes. [3]at vespertilio dubius et graves eventus timens, [4]quia superior erat et magna acies quadrupedum, [5]contulit se ad eosdem quasi cum vincentibus. [6]subito veniens aquila in manu Martis dextera [7]exinde vibravit alas et volucribus se miscuit. [8]cessabant quadrupedes et stetit victoria avium. [9]reversique sunt ad pristinam pacem aves et quadrupedes. [10]vespertilio vero sententia avium damnatur, eo quod suos reliquerat, [11]ut lucem fugiat semper, expoliatusque est plumis, ut noctibus volet nudus.

Sic ita oportet ut patiantur, qui alios volunt et suos relinquunt.

3,5

Qui aliis insidiatur, oportet, ut ipse timeat, ne eum sua praeveniat malitia, ut haec fabula probat:

Es mahnt alle diese Fabel, niemand möge in seiner Machtstellung irgendwelche Leute einschüchtern wollen.

3,4

Über doppelzüngige Menschen hat Äsop die folgende Fabel verfasst. Wer sich zwei Parteien als ihnen unterwürfig anvertraut, lebt hier und dort unwillkommen und wird vielmehr sich gegenüber schuldig sein:

Die Vierbeiner führten mit den Vögeln einen großen Krieg, und keine Seite wich vor der anderen zurück, sondern sie kämpften tapfer, ließen es allerdings zu vielen Verzögerungen kommen. Aber die Fledermaus war im Zweifel und fürchtete einen negativen Ausgang, und weil die Schlachtreihe der Vierbeiner überlegen und groß war, begab sie sich zu eben diesen, vermeintlich im Bunde mit den Siegenden. Plötzlich kam der Adler auf die rechte Hand des Mars geflogen, schüttelte darauf seine Flügel und mischte sich unter die Vögel. Da kamen die Vierbeiner zum Stehen und der Sieg wandte sich den Vögeln zu. Und zurück zum früheren Friedenszustand kehrten die Vögel und die Vierbeiner. Die Fledermaus aber wurde deshalb, weil sie die Ihren verlassen hatte, durch einen Urteilsspruch der Vögel dazu verdammt, immer vor dem Licht zu fliehen, und sie wurde ihrer Federn beraubt, so dass sie nackt in der Nacht herumfliegt.

Daher muss es denen so ergehen, die andere wollen und die Ihren verlassen.

3,5

Wer anderen einen Hinterhalt legt, muss selbst fürchten, dass ihn seine eigene Bosheit ereilt, wie diese Fabel beweist:

[1]In nidum lusciniae cum sederet acceptor, ut specularetur ⟨auritum⟩ [auras], [2]parvos illic invenit pullos. [3]supervenit cito luscinia et rogabat parcere pullis suis. [4]'faciam, quod vis,' inquit 'si bene mihi cantaveris.' [5]at illa, quamvis animus excideret, [6]tamen metu coacta et pavens et dolore plena cantavit. [7]acceptor, qui praedam ⟨insolens⟩ invenerat ⟨nec deserere volebat⟩, [8]'non bene cantasti', inquit, et apprehendens unum de pullis [9]devorare coepit. e diverso quidam auceps venit [10]et calamo silenter levato [11]acceptorem contactum visco in terram demersit.

Sic, qui aliis insidiatur, timere debet, ne capiatur.

3,6

Bonos et malos fortuna iuvat, quos autem non iuvat, hos aemulatur; et ⟨qui⟩ contra fortunatos livorem in corde gestant, hos postmodum sua subvertit malitia. contra quos auctor talem composuit fabulam:

[1]Lupus praedam multam in cubili congregaverat per tempus, ut plures menses haberet, quo posset delicatus vivere. [2]vulpis, ut haec agnovit, venit ad eius cubile aemula eius et dixit lupo: [3]'quo meo merito non vidi te per tot dies? tristis fui, et quia non peragrasti mecum.' [4]cui lupus, ut agnovit livorem, ait: 'non de me sollicita venisti, sed ut aliqua rapias; non grata es, quia venis, scio [enim] te fraudem petere.' [5]his verbis ⟨valde⟩ irata vulpis pastorem ovium

Als sich ins Nest der Nachtigall der Habicht setzte, um das Langohr auszuspähen, fand er dort die kleinen Küken. Darüber hin kam rasch die Nachtigall und bat ihn, ihre Küken zu verschonen. »Ich will tun, was du willst«, sagte er, »wenn du schön für mich singst.« Die aber sang, obwohl ihr die Sinne schwanden, dennoch, von der Angst gezwungen, zitternd und voller Schmerz. Der Habicht, der unverhofft Beute gefunden hatte und die nicht aufgeben wollte, sagte: »Du hast nicht schön gesungen«, packte eines von den Küken und begann, es zu verschlingen. Von der anderen Seite kam ein Vogelfänger, und nachdem er still seine Rute angelegt hatte, drückte er den Habicht, der in Berührung mit dem Leim gekommen war, zu Boden.

So muss, wer anderen einen Hinterhalt legt, fürchten, dass er gefangen wird.

3,6

Den Guten und den Bösen hilft das Glück, auf diejenigen aber, denen es nicht hilft, ist es neidisch; und die, welche gegen die vom Glück Gesegneten Neid im Herzen tragen, die stürzt später ihre eigene Bosheit. Gegen sie hat der Autor folgende Fabel verfasst:

Der Wolf hatte mit der Zeit reiche Beute in seinem Bau angehäuft, so dass er mehrere Monate hatte, um üppig leben zu können. Sobald der Fuchs dies erfahren hatte, kam er neidisch auf ihn zu seinem Bau und sagte zu dem Wolf: »Womit habe ich es verdient, dass ich dich so viele Tage lang nicht gesehen habe? Ich war traurig, auch weil du nicht mit mir umhergestreift bist.« Zu ihm sprach der Wolf, als er den Neid erkannt hatte: »Nicht um mich besorgt bist du gekommen, sondern um etwas zu rauben; du bist mir nicht lieb, weil du gekommen bist; ich weiß, dass du auf Betrug aus bist.« Über diese Worte sehr erzürnt ging der Fuchs zu dem Schafhirten

adiit [6]et dixit: ‘agis mihi gratias,’ inquit ‘si tibi inimicum gregis tui in manus hodie tradidero, ut iam non sis sollicitus?’ [7]pastor ait: ‘ego serviam tibi et tribuam, si quid volueris.’ [8]tunc clausum illa ostendit lupum, quem lancea ille peremit et aemula se de alieno satiavit. [9]deinde ipsa ⟨non multo post tempore⟩ in venatorem cum incidisset, comprehensa a canibus ac laniata sic ait: [10]‘iam ego mala feci et modo pereo, quia alterum laesi.’

Sic homines timere debent, ne aliquem laedant.

3,7

Aliquando laudamus inutilia et vituperamus bona ⟨et quae necessariora sunt⟩, ⟨ut haec testatur Aesopi fabula⟩:

[1]Cervus, bibens de fonte, sua cornua magna ut vidit, [2]nimium laudare coepit, crura vero tenuia vituperavit. [3]cum haec cervus ad fontem faceret, venatoris vocem audivit et canes repente latrare. [4]fuga cervus per campum dicitur evasisse molos⟨sos⟩. [5]at ubi silva eum suscepit, [6]magnitudo illa cornuorum venantibus eum retinuit. [7]tunc mortem suam videns ait: [8]‘quae mihi erant utilia, vituperavi et deceptiosa laudavi.’

Sic et nos laudamus saepe inutilia et vituperamus bona.

und sprach zu ihm. »Erweist du mir Dank«, sagte er, »wenn ich dir den Feind deiner Herde heute in die Hände überliefere, damit du nicht mehr besorgt bist?« Der Hirte sprach: »Ich will dir zu Diensten sein und es dir gewähren, wenn du etwas wünschst.« Da zeigte er ihm den eingeschlossenen Wolf, den der mit seinem Wurfspeer tötete, und der Neider sättigte sich an dem fremden Gut. Als er dann selbst nicht lange Zeit später an den Jäger geriet, sprach er, gepackt und zerfleischt von den Hunden, so: »Ich habe schon Übles getan und gehe jetzt zugrunde, weil ich einem anderen etwas zuleide tat.«

So müssen die Menschen sich davor fürchten, dass sie jemandem etwas zuleide tun.

3,7

Zuweilen loben wir Nutzloses und tadeln Gutes und das, was sehr notwendig ist, wie diese Fabel Äsops bezeugt

Ein Hirsch, der aus einer Quelle trank, begann, als er sein großes Geweih erblickte, dies allzu sehr zu preisen, tadelte aber seine dünnen Schenkel. Als der Hirsch dies an der Quelle tat, hörte er die Stimme des Jägers und das plötzliche Gebell der Hunde. Durch die Flucht über das Feld entging der Hirsch, wie man sagt, den Molossern. Aber sobald der Wald ihn aufgenommen hatte, hielt die besagte Größe des Geweihs ihn für die Jagenden zurück. Da sah er seinen Tod und sprach: »Was mir nützlich war, habe ich getadelt und das Trügerische gelobt.«

So loben auch wir oft Nutzloses und tadeln Gutes.

3,8

De personis feminarum auctor posuit fabulam:

[1]Diis deabusque praesentibus Juno laudabat castitatem [2]et persuadebat melius esse, ut femina uni esset coniuncta [3]proprioque suo sufficeret. [4]sic Venus iocandi causa interposuit gallinarum dicta. [5]cum interrogaret patientem et taciturnam domesticam suam gallinam, [6]quanto posset satiari cibo, illa dixit: [7]'quodcunque accepero, abundat mihi et econtra scalpo.' [8]Venus econtra huic gallinae dicitur coram ipsis dixisse: [9]'ne scalpas, do modium tritici.' et gallina sic ait Veneri: [10]'si horreum mihi patefacias, tamen scalpam.' [11]ubi risisse dicitur Juno dictum Veneris a gallina. [12]per quam agnoverunt dii feminis fieri similia. sic deinde Juppiter coepit multa⟨s⟩ [addere et dicere] adire feminas. [13]nulla se importuno nega⟨v⟩it. deinde et Venus cum Marte, deinde et cum Vulcano et ut potuerunt ceterae multae.

Sic et hodie plures feminae didicerunt maritis imponere.

3,9

Casta est illa mulier, quae importunum non patitur. unde sic auctor huius tituli prosequitur fabulam:

[1]Femina, quae amiserat virum, contulit se ad mausoleum, [2]ubi maritus erat positus, ut lugubres illic ageret dies. [3]contigit, ut aliquis peccasset, [4]et de lege accepit sententiam, ut suspenderetur in cruce. [5]custos illi ponitur miles, ne a suis nocte furaretur. [6]qui cum ob-

3,8

Über die Frauen hat der Autor eine Fabel verfasst:
In Anwesenheit der Götter und Göttinnen lobte Juno die Keuschheit und versuchte sie zu überzeugen, es sei besser, dass eine Frau mit nur einem liiert sei und sich mit ihrem Eigenen begnüge. Da schob Venus, um zu scherzen, von Hennen Gesagtes ein. Als sie ihre duldsame und schweigsame Haushenne fragte, von wie viel Futter sie gesättigt werden könne, sagte die: »Was ich bekomme, reicht mir voll aus, und dennoch scharre ich.« Venus sagte dennoch zu dieser Henne, wie man sagt, vor ihnen: »Damit du nicht scharrst, gebe ich dir einen Scheffel Weizen.« Und die Henne sprach so zu Venus: »Wenn du mir einen Speicher öffnest, werde ich trotzdem scharren.« Da lachte Juno, wie man sagt, über das durch Venus von der Henne Gesagte. Durch die erkannten die Götter, dass es mit den Frauen ähnlich sei. So fing darauf Jupiter an, sich an viele Frauen heranzumachen. Keine versagte sich dem Zudringlichen. Darauf auch Venus mit Mars, darauf auch mit Vulkan und, wie sie es vermochten, viele andere.

So haben auch heute sehr viele Frauen gelernt, ihre Ehemänner zu betrügen.

3,9

Keusch ist die Frau, die einen Zudringlichen nicht gewähren lässt. Daraus entwickelt der Autor dieser Sentenz folgende Fabel:
Eine Frau, die ihren Mann verloren hatte, begab sich zu dem Mausoleum, wo ihr Gemahl beigesetzt war, um dort Tage der Trauer zu verbringen. Es geschah, dass einer eine Untat begangen hatte, und er empfing nach dem Gesetz den Urteilsspruch, dass er ans Kreuz gehängt werde. Als Wächter für ihn wurde ein Soldat eingesetzt, damit er nicht von den Seinen in der Nacht gestohlen wer-

servaret[ur] per vices, siti fatigatus accessit ad mausoleum [7]aquae pusillum rogans, accepit, bibit et exinde abiit. [8]cumque illic videret feminam pulcram, rediens consolatur eam. [9]iterum sic fecit et tertio. [10]dum illuc saepe ab amica vocatur, subtrahitur ille, qui in cruce pendebat. [11]miles rediens non invenit cruciatum, [12]confugiensque ad pedes mulieris volutare se coepit. [13]cui sic ait: 'quid agam vel quid faciam? [14]subveni mihi, a te quaero consilium.' [15]illa misericors facta militi, maritum de loculo levavit [16]et in cruce nocte suspendit. celatur furtivum facinus. [17]misericordia pro tanta quia militi oportuit officiari mulieri, [18]mulier non erubuit de officio suo, [19]et quae iamdudum casta fuit, scelus utrumque admisit.

Habeant mortui, quod doleant, et vivi, quod timeant.

3,10

De meretricibus auctor talem nobis refert fabulam, quia impudoratae feminae per ingenium imponunt viris:

[1]Quaedam meretrix, quae erat perfida multis, [2]cum blandiretur iuveni, quem saepe afflixerat iniuriis, [3]et ille facilem se praebuisset propter usum, [4]deinde mulier sic ad eum dixit: [5]'licet multi muneribus super me contendant, [6]ego vero satis te amo et plus diligo.' [7]et iuvenis memor, quotiens ab ea deceptus fuerit, [8]tamen benigne respondit: 'et ego' inquit 'te, mea lux, [9]non quod mihi fidem serves,

de. Als der im Wechsel mit anderen Wache hielt, kam er von Durst gequält zu dem Mausoleum, bat um etwas Wasser, bekam es, trank und ging danach weg. Und weil er dort eine schöne Frau gesehen hatte, kehrte er zurück und tröstete sie. Das tat er wieder und ein drittes Mal. Während er dorthin oft von der Geliebten gerufen wurde, wurde der entwendet, der am Kreuz hing. Bei seiner Rückkehr fand der Soldat den Gekreuzigten nicht, floh der Frau zu Füßen und begann sich am Boden zu wälzen. Zu ihr sprach er so: »Was soll ich tun oder machen? Komm mir zu Hilfe, von dir begehre ich einen Rat.« Die bekam Mitleid mit dem Soldaten, hob ihren Gemahl aus dem Sarg und hängte ihn in der Nacht ans Kreuz. Die heimliche Tat blieb verborgen. Weil zum Dank für so großes Mitleid der Soldat der Frau zu Diensten sein musste, errötete die Frau nicht wegen ihrer Dienstleistung, und sie, die so lange keusch war, beging beide Verbrechen.

Die Toten sollen Grund zum Trauern und die Lebenden zum Fürchten haben.

3,10

Über die Prostituierten erzählt der Autor uns die folgende Fabel, weil die schamlosen Frauen durch Tricks die Männer hintergehen:

Als eine Prostituierte, die vielen gegenüber treulos war, einem jungen Mann schmeichelte, dem sie oft Unrecht getan hatte und der sich wegen des Sex leicht ergeben hatte, sprach darauf die Frau so zu ihm: »Mag sein, dass viele mit Geschenken um mich wetteifern, ich aber liebe dich sehr und schätze dich höher.« Und der junge Mann, der sich erinnerte, wie oft er von ihr betrogen wurde, antwortete dennoch freundlich: »Auch ich«, sagte er, »dich, mein Lebenslicht, nicht, weil du mir die Treue bewahrst, sondern weil du mir

sed quod mihi iocunda es.' [10]sic verbis mutuo se deluserunt.

Nam simplices homines, et si forte nudos invenerint, sic expoliant.

3,11

Quosdam minores oportet domare, quia maiores difficile est: [1]Quidam pater familias saevum filium habebat, nam foris cotidie manebat et servi pro eo vapulabant. [2]tunc sic auctor ait per fabulam: [3]'quidam homo rusticus iunxit vitulum maiori bovi. [4]vitulus vero calce et cornibus eiciebat iugum a cervice. [5]bovem vero cum terreret vitulus, rusticus bovi sic dixisse fertur: [6]"non ut laboretis, vos iungo, [7]sed domitare volo minorem, [8]nam calcibus vagis et cornu cum aliquos laeserit, [9]lapidibus et fustibus debilitatur."'

Ita oportet quemquam filios suos minores domare.

3,12

De duobus malis auctor talem subiecit fabulam. malus peiorem non laedit neque iniquus iniquum superat et durus ad durum non adhaeret:

[1]In officina cuiusdam fabri introisse dicitur vipera. [2]dum quaereret aliquid ciborum, rodere coepit limam. [3]tunc lima ridens ait ad vipe-

eine Wonne bist.« So nahmen sie sich gegenseitig mit Worten auf den Arm.

Denn die Männer sind einfältig, und wenn die sie nackt vorfinden, dann plündern sie sie aus.

3,11

Manche muss man zähmen, wenn sie jünger sind, weil es schwer ist, wenn sie älter sind:

Ein Familienvater hatte einen wilden Sohn, denn der blieb täglich draußen, und die Sklaven wurden statt seiner verprügelt. Da sprach der Autor durch eine Fabel so: »Ein Bauersmann schirrte ein Kalb mit einem älteren Rind zusammen. Das Kalb aber warf mit seinem Huf und seinen Hörnern das Joch vom Hals herab. Weil aber das Kalb das Rind in Schrecken versetzte, sagte der Bauer zu dem Rind, wie erzählt wird: ›Nicht damit ihr arbeitet, schirre ich euch zusammen, sondern ich will den Jüngeren zähmen. Denn wenn er mit seinen umherschweifenden Hufen und dem Horn irgendwelche Leute verletzt hat, wird er mit Steinen und Knüppeln schwach gemacht.‹«

So muss denn jeder seine jüngeren Söhne zähmen.

3,12

Über zwei Bösewichte hat der Autor die folgende Fabel vorgelegt. Ein Böser tut einem Böseren nichts zuleide, ein Ungerechter ist einem Ungerechten nicht überlegen und Hart hängt nicht an Hart:

In die Werkstatt eines Handwerkers trat eine Schlange, wie man sagt. Während sie nach etwas Futter suchte, begann sie an der Feile zu nagen. Da lachte die Feile und sprach zu der Schlange: »Warum

ram: [4]‘quid vis, improba, tuos laedere dentes? ipsa sum, quae consuevi omne ferrum rodere. [5]sed, et si quid forte est asperum, fricando facio lene, [6]quae, si angulum torsero, si quid ibidem est, ipsa praecido.’

Ideo cum acriore nihil certandum est.

3,13

Defensorem et patronum non expedit relinquere. de hoc auctor talem fabulam dixit:

[1]Oves et lupi inter se bellum gerebant, ita ut nulla pars alii cederet. [2]illae oves erant plures et cum eis canes et arietes. [3]visum est signum victoriae esse ovium. [4]scierunt hoc lupi. legatos tunc mittunt pacem petentes iurando, [5]si canes obsides darent et oves catulos eorum ab eis acciperent. [6]ita fecerunt et iurandi fidem dederunt illis. [7]ovibus in pace positis lupini catuli ululare coeperunt. [8]illi ⟨lupi⟩ natos vexari putantes veniunt undique simul, [9]dicunt pacem ab illis ruptam. [10]⟨haec dicentes⟩ oves laniare coeperunt, [11]nullo tutore adiutorium praestante, [12]nullo patrono defendente.

3,14

Auxilium hosti dare suam necem facere est, sicut subiecta fabula probat:

[1]Securi facta homo postulabat ab arboribus, ut illi manubrium da-

willst du, Ruchlose, deine Zähne beschädigen? Ich selbst bin es, die ich daran gewöhnt bin, an jedem Eisen zu nagen. Aber auch wenn da gerade irgendetwas Raues ist, mache ich es durch Reiben glatt, die ich, wenn ich eine spitze Kante bearbeite, sie, wenn dort etwas ist, selbst abschneide.«

Also darf man mit jemandem, der schärfer ist, nicht in Wettbewerb treten.

3,13

Den Schutzherrn und Patron zu verlassen ist schädlich. Darüber hat der Autor folgende Fabel erzählt:

Die Schafe und die Wölfe führten miteinander so Krieg, dass keine Seite gegenüber der anderen nachgab. Die Schafe waren in der Mehrzahl und mit ihnen die Hunde und Widder. Es schien das Siegeszeichen den Schafen zu gehören. Das wussten die Wölfe. Daraufhin schickten sie Gesandte, die um Frieden baten mit dem Schwur, die Schafe würden, wenn sie die Hunde als Geiseln gäben, ihre Jungen von ihnen erhalten. So machten sie es, und sie leisteten ihnen den Treueschwur. Als die Schafe sich im Friedenszustand befanden, begannen die Wolfsjungen zu heulen. Die Wölfe, die glaubten, ihre Sprösslinge würden gequält, kamen von allen Seiten zugleich und sagten, der Friede sei von jenen gebrochen. Während sie das sagten, begannen sie, die Schafe zu zerfleischen, wobei denen kein Beschützer Hilfe gewährte und kein Patron sie verteidigte.

3,14

Dem Feind Hilfe zu gewähren bedeutet, den eigenen Tod zu bewirken, wie die vorgelegte Fabel beweist:

Als er eine Axt angefertigt hatte, forderte der Mensch von den Bäu-

rent [2]de ligno, quod esset firmum. [3]omnes oleastrum iusserunt. [4]sumpsit homo manubrium [5]adhastatum securi et ramos ac robora magna omniaque, quae voluit, coepit indubitanter incidere. [6]tunc quercus fraxino ait: ‘digne et bene patimur, [7]qui roganti hosti nostro ⟨ut caeci⟩ manubrium dedimus.’

Ideo quisquis caute cogitet, ne hosti aliquid praestet.

3,15

Quam dulcis sit libertas, auctoris breviter narrat fabula. omnis libertas actus bene agendi est. nam in liberis est saevitia, in servis virtus et gloria. pollere enim saepe videmus servos et pro nihilo esse liberos:

[1]Sicut canis et lupus, cum convenirent in silva, [2]ait lupus cani: ‘unde, frater, sic nitidus et bene pinguis es?’ [3]canis sic dixit lupo: [4]‘quia sum custos domi contra latrones venientes. [5]et nullus passim ingreditur, [6]nocte si forte fur venerit, [illum] annuntio. [7]affertur mihi panis, dat ossa dominus, similiter et ceteri. [8]amat me tota familia, proiciunt mihi, quicquid illis superat. [9]quod fastidit unusquisque ciborum, mihi porrigit, [10]ita venter impletur. [11]me blanditurus sub tectis cubo, [12]aqua non deest mihi. sic otiosus vitam gero.’ [13]et lupus: ‘bene’ inquit ‘frater ⟨tibi est⟩>, [14]vellem ista contingerent mihi, ut otiosus saturarer cibo [15]et sub tecto melius viverem.’ [16]deinde canis lupo ait: ‘si vis, ut bene tibi sit, [17]veni mecum, nihil est,

men, dass sie ihm einen Stiel aus Holz gäben, das fest sei. Alle bestimmten den Ölbaum dazu. Der Mensch nahm den an der Axt befestigten Stiel und begann Zweige, große Stämme und alles, was er wollte, skrupellos abzuhauen. Da sprach die Eiche zur Esche: »Verdient und mit gutem Grund erleiden wir das, die wir unserem Feind, als er uns darum bat, wie Blinde den Stiel gaben.«

Deshalb soll jeder mit Vorsicht daran denken, dass er dem Feind nichts zur Verfügung stellt.

3,15

Wie süß die Freiheit ist, erzählt kurz eine Fabel des Autors. Jede Freiheit ist ein Handeln, bei dem man recht handelt. Denn bei den Freien herrscht Grausamkeit, bei den Sklaven Tugend und Ruhm. Wir sehen nämlich oft, dass die Sklaven stark sind und die Freien so gut wie nichts wert:

So zum Beispiel der Hund; als der und der Wolf sich in einem Wald begegneten, sprach der Wolf zu dem Hund: »Woher, mein Bruder, bist du so glänzend und reichlich fett?« Der Hund sprach so zum Wolf: »Weil ich zu Hause der Wächter gegen daherkommende Räuber bin. Und keiner kommt ohne Unterschied der Person hinein; wenn nachts zufällig ein Dieb kommt, melde ich es. Mir wird Brot gebracht, der Herr gibt mir Knochen, ähnlich machen es auch die übrigen. Es liebt mich die ganze Dienerschaft, sie werfen mir alles hin, was sie übrig haben. Was ein jeder von den Speisen verschmäht, reicht er mir hin; so wird mein Bauch gefüllt. Wenn ich es mir gut gehen lassen möchte, schlafe ich unter dem Dach, Wasser fehlt mir nicht. So verbringe ich in Ruhe mein Leben.« Und der Wolf sagte: »Gut geht es dir, mein Bruder, ich wollte, dies würde mir zuteil, dass ich geruhsam von Speise satt und unter einem Dach besser lebe.« Darauf sprach der Hund zum Wolf: »Wenn du willst, dass es dir gut geht, komm mit mir; es gibt nichts,

quod timeas.' [18]cum ambularent simul, vidit lupus cani collum catena attritum [19]et ait: 'quid est, frater? [20]quod iugum attrivit collum tuum?' [21]et canis: 'quia sum acrior, in die ligor, [22]nocte solvor, intra domum sum vagus, ubi volo, illic dormio.' [23]et lupus econtra cani: 'non est mihi opus' ait 'frui ista, quae laudasti. [24]vivere volo liber ad quodcunque evenerit mihi. [25]liber ubi volo, peragro, nulla catena me tenet, [26]nulla causa impedit. viae mihi patent in campo, [27]aditus in montibus, nullus mihi timor. [28]de grege prius gusto, canes ingenio deludo. [29]tu vive ut consuesti. [30]ego quam consuevi vitam ago.'

3,16

Qui suos stulte deserit, se potius decipi sciat.

[1]Nemo aliquid valet sine suis, ut partes corporis humani, de quibus dicitur, indignatas esse manus et pedes, [2]et ventri cibum dare noluerunt, eo quod sine ullo labore cotidie repleatur eo sedente otioso. [3][at manus et pedes contra eum indignantes laborare noluerunt et negaverunt servitium.] venter vero esuriens clamabat. [4]at illae per paucos dies nihil ei dare voluerunt. [5]ieiuno autem ventre omnia membra lassaverunt. [6]postea vero cibum dare volentibus recusavit venter, quia iam clauserat vias. [7]sic membra et venter simul lassa interierunt.

Monet haec ⟨fabula⟩ famulos esse fideles, quia per hoc fortes sunt et manent.

was du fürchten müsstest.« Als sie miteinander des Weges gingen, sah der Wolf, dass dem Hund der Hals von der Kette durchgerieben war, und er sprach: »Was ist, mein Bruder? Was für ein Joch hat deinen Hals durchgerieben?« Und der Hund: »Weil ich ziemlich scharf bin, werde ich am Tag angebunden, nachts losgebunden; kann innerhalb des Hauses umherstreifen, kann dort schlafen, wo ich will.« Und der Wolf entgegnete dem Hund: »Ich brauche nicht das zu genießen, was du gepriesen hast. Ich will frei leben mit Blick auf alles, was mir geschieht. Frei streife ich umher, wo ich will, keine Kette hält mich fest, kein Anlass behindert mich. Die Wege stehen mir offen auf dem Feld, ich habe Zugänge zu den Bergen, habe vor nichts Angst. Von der Herde koste ich zuerst, die Hunde foppe ich durch meine Tricks. Lebe du, wie du es gewohnt bist. Ich führe das Leben, das ich gewohnt bin.«

3,16

Wer die Seinen töricht verlässt, soll wissen, dass er sich vielmehr selbst betrügt:

Niemand ist zu etwas stark genug ohne die Seinen, wie zum Beispiel die Teile des menschlichen Körpers, von denen, wie erzählt wird, die Hände und Füße verärgert waren und dem Magen deshalb keine Speise geben wollten, weil er sich ohne jede Arbeit täglich wieder fülle, während er müßig dasitze. Der Magen aber schrie, weil er hungrig war. Doch die wollten ihm einige Tage lang nichts geben. Weil der Magen aber nüchtern war, wurden alle Glieder schwach. Als sie ihm aber später Speise geben wollten, verweigerte die der Magen, weil er schon alle Wege verschlossen hatte. So gingen Glieder und Magen miteinander geschwächt zugrunde.

Diese Fabel mahnt Diener, treu zu sein, weil sie dadurch stark sind und fortbestehen.

3,17

Inter divitem et pauperem talis dicitur fabula:
[1]Rogabat simius vulpem, ut de magnitudine caudae suae sibi daret, [2]unde nates suas turpissimas tegeret. 'quid enim', inquit, 'utile est tibi, [3]ut sis ponderosus sine causa tantae[que] longitudinis cauda tua, [4]quam per terram trahis?' cui vulpis dicitur dixisse: [5]'utinam longior esset et maior, ut per terram illam traherem [6]sive per petras et spinas et lutum, [7]ne tu meo tegumento pulchrior videaris.'

O locuples et avare, te nunc increpat haec fabula, qui non das, quod tibi superat.

3,18

Multi post mortem vexantur, ut probat haec similis fabula:
[1]Fuit quidam negotiator in via cum asello, festinans nundinas ingredi, [2]onustum autem animal flagello et fuste caedebat, [3]ut veniret citius lucri causa. [4]asellus vero optabat mortem, putans se post mortem esse securum. [5]lassatus et quassatus moritur. [6]statim de illius pelle facta sunt tympana et crib[r]ella, quae semper battuntur, [7]et qui putabat post mortem se esse securum, etiam post mortem caeditur.

3,17

Über einen Reichen und einen Armen wird folgende Fabel erzählt:

Der Affe bat den Fuchs, dass der ihm von der Größe seines Schwanzes etwas abgeben solle, womit er seine hässlichen Hinterbacken bedecken könne. »Was nämlich«, sagte er, »ist daran nützlich für dich, dass du ohne Grund durch deinen Schwanz von so großer Länge belastet bist, den du über den Erdboden ziehst?« Zu ihm sagte der Fuchs, wie man sagt: »Wenn er doch noch länger und größer wäre, so dass ich ihn über die Erde auch durch Felsen, Dornen und Dreck ziehen könnte, damit du nicht durch eine Bedeckung, die mir gehört, schöner erscheinst.«

O du Wohlhabender und Habgieriger, dich beschimpft jetzt diese Fabel, weil du nicht hergibst, was du übrig hast!

3,18

Viele werden noch nach dem Tod gepeinigt, wie diese dazu passende Fabel beweist:

Ein Kaufmann war unterwegs mit seinem Esel, und weil es ihm damit eilte, den Markt zu betreten, schlug er noch dazu das schwer beladene Tier mit Peitsche und Knüppel, um des Gewinns wegen schneller hinzugelangen. Der Esel aber wünschte sich den Tod, weil er glaubte, er werde nach dem Tod sorgenfrei sein. Erschöpft und zerschlagen starb er. Sofort wurden aus seinem Fell Trommeln und Siebe gemacht, die ständig gehauen werden, und er, der glaubte, er werde nach seinem Tod sorgenfrei sein, wird auch nach dem Tod geschlagen.

3,19

Fugientes non sunt securi sui, sed fortuna salvantur, sicut subiecta refert fabula:

[1]Cervus perturbatus strepitu venatorum et tremefactus, [2]ut venatores evaderet, in proximam villam fugit [3]et se in stabulum coniecit, referens bobus, ob quam causam venerit. [4]et bos ad eum sic ait: 'ut quid voluisti, miser, [5]huc ad necem tuam currere? silva te melius celabat, [6]aut ungula quateres campum, quam huc devenire.' [7]at ille contra supplex: 'vos me modo' inquit 'celate interdiu. [8]dum erit sero, eo, ubi volo, securus.' [9]haec cum loquitur, obscuro se condidit loco. [10]cumque foenum et frondes et omne genus pabuli bubulci stabulo reponerent, [11]cervum non viderunt. sic et ingrediens illic [12]transiit et maior villae, qui omnia lustrabat, nec ipse cervum vidit. [13]tunc gaudens fera gratias egit bobus, quod fugientem celassent. [14]tunc unus ex illis ait cervo: 'salvum te servabimus, [15]si ab illo non videaris, qui centum habet oculos; [16]nam si te ille viderit, statim vitam eripiet tuam.' [17]cumque haec bos cervo diceret, ecce ingreditur dominus, [18]et quia nuper viderat pro neglegentia boves suos esse macilentos, [19]accessit videre praesepia. quae ut vidit inania esse [20]et pabulum contra positum, dum irascitur bubulcis, [21]assumit ipse frondes et statim vidit erecta cervi cornua [22][inscius], et ait: 'quid est hoc?' vocavit ad se bubulcos, [23]quaerit, unde cervus veniret [illi nescire se dixerunt. [24]et quomodo huc venit, inquit.] [25]at stabularii omnes plena fide iurant se ignorare. [26]gaudet dominus de cervo, nullus venit quaerendo. [27]miratur de hoc cum suis per aliquot dies.

3,19

Die, welche fliehen, sind ihrer selbst nicht sicher, sondern werden nur vom Zufall bewahrt, wie die vorgelegte Fabel erzählt:

Ein Hirsch, der durch den Lärm der Jäger verschreckt und zum Zittern gebracht wurde, floh, um den Jägern zu entgehen, zum nächsten Landgut, flüchtete sich in den Stall, und erzählte den Rindern, aus welchem Grund er gekommen sei. Und ein Rind sprach zu ihm so: »Zu was wolltest du, du Armer, hierher in deinen Tod rennen? Der Wald würde dich besser verbergen, oder besser würdest du mit dem Huf das Feld stampfen als hierher zu kommen.« Doch der entgegnete bittflehend: »Verbergt ihr mich nur tagsüber. Wenn es spät wird, gehe ich unbesorgt, wohin ich will.« Während er das sagte, versteckte er sich an einem dunklen Ort. Und als die Rinderhirten Heu und Laub und jede Art von Futter im Stall ablegten, sahen sie den Hirsch nicht. So trat dort auch ein und ging vorbei der Hausmeier, der alles zu mustern pflegte, und auch er selbst sah den Hirsch nicht. Da freute sich das Tier und dankte den Rindern, weil sie ihn auf seiner Flucht verborgen hätten. Da sprach eines von ihnen zu dem Hirsch: »Wir werden dich wohlbehalten bewahren, falls du nicht von dem gesehen werden solltest, der hundert Augen hat; denn wenn dich der sieht, wird er dir sofort dein Leben rauben.« Und während das Rind dies zu dem Hirsch sagte, sieh an, da trat der Herr herein, und weil er kurz zuvor gesehen hatte, dass aufgrund von Vernachlässigung seine Rinder mager waren, kam er, um die Krippen zu sehen. Als er sah, dass sie leer waren und das Futter daneben gelegt war, nahm er, wobei er den Rinderhirten grollte, selbst Laub, sah sofort das hochragende Hirschgeweih und sprach: »Was ist das?« Er rief die Rinderhirten zu sich und fragte, woher der Hirsch komme. Doch alle Stallknechte schworen in voller Glaubwürdigkeit, sie wüssten es nicht. Der Herr freute sich über den Hirsch, keiner kam auf der Suche nach ihm. Er wunderte sich darüber mit den Seinen einige Tage lang.

Haec fabula probat, dominum posse plurimum in omnibus rebus videre.

3,20

Et loqui ⟨apud tyrannos⟩ poena est et tacere tormentum, ut probat haec ⟨subiecta⟩ fabula:
[1]Cum sibi ferae regem fecissent fortissimum leonem, voluit ille mores regum bona fama consequi, [2]renuntians prioribus factis, et mutavit consuetudinem, [3]pecus ullum se non laedere, sine sanguine cibum sumere, sanctam et incorruptam iuravit se fidem servare. [4]postea, ut habere coepit de hac re paenitentiam et mutare non posset naturam, [5]coepit aliquos ducere in secreto, ⟨et⟩ fallacia quaerere, si ei os puteret. [6]illos, qui dicebant, putet, et qui dicebant, non putet, omnes tamen laniabat, ita ut saturaretur sanguine. [7]cum multis hoc faceret, postea simium interrogabat, si putidum haberet os. [8]ille quasi cinnamonum dixit fraglare et quasi deorum altaria. [9]leo erubuit laudatorem [sed], ut laederet, ⟨sed ut deciperet⟩, mutavit fidem et quaesivit fraudem. languere se simulabat. [10]continuo venerunt medici, [11]qui ut venas consideraverunt pulsum sanum ut viderunt, [12]suaserunt ei sumere cibum aliquem, qui levis esset et tolleret fastidium pro digestione, ut regibus omnia licent. [13]⟨at leo⟩ 'ignota est', inquit, 'mihi caro simii, vellem illam probare.' [14]ut est locutus, statim necatur beniloquus simius, ut eius carnem cito in escam sumeret.

Una enim est poena loquentis et non loquentis.

Diese Fabel beweist, dass der Herr in allen Angelegenheiten das meiste zu sehen vermag.

3,20

Zu reden vor Tyrannen ist eine Strafe und zu schweigen eine Qual, wie die hier vorgelegte Fabel beweist:

Als die Tiere sich den sehr starken Löwen zum König gemacht hatten, wollte er dem Brauch der Könige durch guten Ruf folgen, rückte von seinen früheren Taten ab, änderte seine Gewohnheiten und schwor, keinem Herdentier etwas zuleide zu tun, unblutige Speise zu sich zu nehmen sowie heilig und unbeeinträchtigt sein Treuwort zu wahren. Als er später in dieser Sache Reue zu empfinden begann und nicht fähig war, seine Natur zu verändern, begann er einige beiseite zu nehmen und sie hinterhältig zu fragen, ob er aus dem Maul rieche. Die, welche sagten, er rieche, und die, welche sagten, er rieche nicht, zerfleischte er dennoch alle, so dass er von Blut gesättigt wurde. Als er das mit vielen gemacht hatte, fragte er danach den Affen, ob er ein übelriechendes Maul habe. Der sagte, es dufte wie Zimt und wie ein Altar der Götter. Der Löwe aber scheute sich, dem Lobredner etwas zuleide zu tun, aber um ihn zu täuschen, änderte er sein Treuwort und suchte nach Trug. Er stellte sich, als sei er krank. Sofort kamen die Ärzte, die, als sie die Adern betrachtet und seinen Puls gesund gesehen hatten, ihm rieten, irgendeine Speise zu sich zu nehmen, die leicht sei und ihm zum Zweck der Verdauung den Ekel nehme, wie ja Königen alles erlaubt ist. Aber der Löwe sagte: »Mir ist das Fleisch des Affen unbekannt, ich möchte es probieren.« Sobald er gesprochen hatte, wurde sofort der schönrednerische Affe getötet, damit er dessen Fleisch schnell als Speise zu sich nehmen konnte.

Ein und dieselbe Strafe ist nämlich die für den, der spricht, und für den, der nicht spricht.

LIBER QUARTUS

4,1

Verbis minatur facinus, qui non potest viribus, ut haec narrat fabula:

[1]Fame coacta vulpis uvam sursum pendentem aspexit in alta vinea. [2]ad quam pervenire volebat alto gradu se excutiens, [3]quotiens hoc voluit, attingere sursum non potuit. [4]irata dicitur dixisse: [5]'nolo te acerbam et immaturam.' [6]et, quasi nolens eam tangere, abiit.

Ita qui nihil facere possunt viribus, verbis tamen se posse et nolle ostendunt.

4,2

Ingenio quemquam facere, quod viribus non potest, breviter nos instruit haec fabula:

[1]Mustela, quae fuerat senex et mures iam non sequebatur, [2]involvit se in farinam et loco obscuro se condidit, [3]volens de innocentibus sine sui labore praedam facere. [4]veniens miser ignarusque mus quandam herbam putabat, [5]periit innox et immerens, alter similiter capitur, deinde et tertius. [6]postea venit maior annis et cautus, qui omnem iam noverat muscipulam, [7]caveas et laqueos arcentes et cetera deceptionis ingenia, [8]cumque hostis insidias videret, dixisse fertur ad illam: [9]'inducis quidem mures et devoras innocentes, [10]me tamen non captabis, improba, qui omnia [tua] novi ingenia.'

BUCH 4

4,1

Mit Worten kündigt prahlerisch eine Tat an, wer zu nichts mit seinen Kräften imstande ist, wie diese Fabel erzählt:

Von Hunger getrieben erblickte der Fuchs eine Traube, die oben an einem hohen Weinstock hing. Zu der wollte er gelangen, indem er aufrecht stehend hochsprang, aber wie oft er es auch wollte, er konnte sie oben nicht erreichen. Zornig sagte er, wie man sagt: »Ich will dich nicht sauer und unreif.« Und als ob er sie nicht anrühren wollte, ging er weg.

So zeigen die, welche durch ihre Kräfte nichts machen können, dennoch mit Worten, sie würden es können und nicht wollen.

4,2

Dass einer mit einem Trick macht, was er mit seinen Kräften nicht kann, lehrt uns kurz diese Fabel:

Ein Wiesel, das alt war und den Mäusen nicht mehr folgen konnte, wälzte sich in Mehl und versteckte sich an einem dunklen Ort, weil es bei Unschuldigen ohne eigene Anstrengung Beute machen wollte. Es kam eine arme und ahnungslose Maus, hielt es für eine Art Kraut, starb unschuldig und unverdient, eine andere wurde ähnlich gefangen, darauf auch eine dritte. Danach kam eine ältere und vorsichtige, die schon jede Mausefalle, die Löcher, die einschließenden Stricke und die übrigen Täuschungstricks kannte, und als sie den Hinterhalt des Feindes sah, sagte sie, wie erzählt wird, zu diesem: »Du verführst zwar Mäuse und verschlingst Unschuldige, mich jedoch wirst du nicht fangen, Ruchloser, die ich alle Tricks kenne.«

4,3

Qui habet verba blanda et infidelis est, peccat corde, ut haec fabula narrat:

[1]Cum persecutorem fugeret impius lupus celeriter, [2]et a bubulco esset visus, qua parte fugeret [3]et in quo loco se celaret, [4]timore plenus bubulcum rogabat [super hostem]: 'oro te per omnes spes tuas, [5]ne me persequenti tradas, cui me nihil fecisse iuro.' [6]et bubulcus ait lupo: 'ne timeas, esto securus. [7]in aliam ei partem te fugisse dicam.' [8]venit persecutor, rogans ostendi sibi lupum, dicens: 'peto te, bubulce, [9]vidisti' ait 'huc venire lupum, ubi sit, ostende.' [10]et bubulcus: 'venit quidem, sed sinistra parte abiit, [11]illic deorsum quaere' dixit, sed dextra oculis assignat persecutori loca. [12]et ille non intelligens festinans abiit. tunc sic bubulcus lupo ait: [13]'et quidem gratum habes, quod te celaverim?' et lupus econtra bubulco ait: [14]'linguae tuae gratias ago, sed oculis tuis fallacibus magnam caecitatem opto.'

Haec illos increpat fabula, qui bilingues esse videntur.

4,4

Quod unicuique concessum est, hoc utatur, sicut haec nobis auctoris fabula narrat:

[1]Pavo ad Junonem venit iratus et indignans, non ferens, quod luscinia cantaret et humana cognosceret et sibi hoc non esset datum,

4,3

Wer schmeichelnde Worte parat hat und treulos ist, sündigt im Herzen, wie diese Fabel erzählt:

Als vor einem Verfolger rasch floh der ruchlose Wolf und er von einem Rinderhirten dabei beobachtet wurde, in welche Richtung er floh und an welchem Ort er sich verbergen würde, bat er voller Furcht den Rinderhirten: »Ich flehe dich bei allen deinen Hoffnungen an, dass du mich nicht meinem Verfolger auslieferst, dem nichts getan zu haben ich schwöre.« Und der Rinderhirt sprach zu dem Wolf: »Fürchte dich nicht, sei unbesorgt. Ich werde sagen, dass du in die andere Richtung geflohen seist.« Der Verfolger kam, bat, dass ihm der Wolf gezeigt werde, indem er sprach: »Ich bitte dich, Rinderhirt, du sahst«, sagte er, »den Wolf hierher kommen; zeige mir, wo er ist.« Und der Rinderhirt sagte: »Er kam zwar, aber ist in die linke Richtung fortgelaufen, dort unten suche«, aber mit den Augen bezeichnete er dem Verfolger das Gelände rechts. Und der verstand das nicht und lief eilends fort. Da sprach der Rinderhirt so zu dem Wolf: »Und weißt du mir wenigstens Dank, weil ich dich verbarg?« Und der Wolf entgegnete dem Rinderhirten: »Deiner Zunge erweise ich Dank, aber deinen betrügerischen Augen wünsche ich gewaltige Blindheit.«

Diese Fabel beschimpft die, welche offensichtlich doppelzüngig sind.

4,4

Was einem jeden gewährt ist, davon soll er Gebrauch machen, wie diese Fabel des Autors uns erzählt:

Der Pfau kam zornig und entrüstet zu Juno, weil er nicht ertrug, dass die Nachtigall singe und die menschlichen Angelegenheiten kenne und ihm das nicht gegeben sei, sondern er, wenn er seine

[2]sed derideretur voce demissa. [3]tunc Juno consolandi causa blanditer alloquitur eum: [4]'visus tuus superat vocem, et forma tua superat lusciniam. [5]colore et nitore smaragdi perfusus es; nullus similis tibi, [6]pictusque plumis, gemmae cauda et collo refulgent.' [7]et pavo ad Junonem sic ait: 'quid mihi haec sunt? vincor voce.' [8]et Juno 'fatorum' inquit 'arbitrio a diis datae sunt partes omnibus vobis: [9]tibi nitor et color et forma, maior virtus aquilae, lusciniae cantus vocis, auguria sumit corvus, [10]grunnire accepit columba, dolet semper titus, [11]gruis ostendit semper tempus et in oliva parit turdus, ficedula prolubida pomis, lucifero gaudet hirundo, nudus sero volat vespertilio, gallus novit noctis horas, [12]omnibus in suo abundat. [13]tu nolo quaeras, quod tibi a diis non est datum.'

4,5

Oportet benivolos esse cuicunque peregrino, et si peccat, ignoscendum est, ne sit, ubi reddat gratiam, ut haec fabula docet:

[1]Panthera (inquit) innox cecidit in foveam. [2]agrestes ut viderunt, alii fustibus feriunt, alii saxa ridentes mittunt. [3]quidam econtra dixerunt: 'parcite innocenti, quae neminem laesit.' [4]et haec dicendo multos prohibuerunt, ne morte eam affligerent. [5]alii autem miserunt panem, alii dolebant huius innocentiam, [6]ut sunt variae

tiefe Stimme ertönen lasse, ausgelacht werde. Da sprach Juno, um ihn zu trösten, schmeichlerisch zu ihm: »Dein Anblick übertrifft deine Stimme, und deine Schönheit übertrifft die der Nachtigall. Du bist von Farbe und dem Glanz des Smaragdes umflossen, niemand ist dir gleich, du hast bunte Federn, Edelsteine leuchten an deinem Schwanz und deinem Hals.« Und der Pfau sprach zu Juno so: »Was soll mir das? Ich bin durch die Stimme unterlegen.« Und Juno sagte: »Nach dem Urteilsspruch des Schicksals sind euch allen von den Göttern Teile gegeben: dir Glanz, Farbe und Schönheit, größere Tapferkeit dem Adler, der Nachtigall der Gesang ihrer Stimme, die Wahrsagerei nimmt der Rabe, das Gurren hat die Taube empfangen, traurig ist immer die Turteltaube, der Kranich zeigt stets den Frühling an, und im Ölbaum gebiert die Drossel, die Grasmücke ergötzt sich an den Früchten, am Morgenstern freut sich die Schwalbe, nackt fliegt spät die Fledermaus, der Hahn kennt die Stunden der Nacht, alle haben von dem Ihren reichlich. Ich will nicht, dass Du nach dem verlangst, was dir von den Göttern nicht gegeben ist.«

4,5

Man sollte wohlwollend sein gegenüber jedem Fremden, wer auch immer es ist, und wenn er eine Fehlhandlung begeht, muss man ihm verzeihen, damit nicht möglich ist, dass er Gleiches mit Gleichem vergilt, wie diese Fabel lehrt:

Ein Panther (sagte er) fiel, ohne Schaden zu nehmen, in eine Grube. Als das die Bauern gesehen hatten, prügelten die einen ihn mit Knüppeln, die anderen lachten und warfen Steine. Einige dagegen sagten: »Verschont den Unschuldigen, der niemandem etwas zuleide tat.« Und indem sie das sagten, hinderten sie viele daran, ihn totzuschlagen. Andere aber schickten ihm Brot, wieder anderen tat er wegen seiner Unschuld leid, wie es ja verschiedene Neigungen

voluntates. nox ut venit, abierunt omnes domum, [7]putantes eam noctu mori. deinde ut illa vires suas refecit languidas, [8]veloci saltu se inde liberavit et ad suum cubile properavit. [9]post paucos dies rememorans, quae perpessa fuerit, [10]venit ad locum, pecudes illic trucidat, pastores dissipat, [11]in aratores et agrestes impetu saevit et multa male devastando perdit. [12]timent omnes, non curant damna, tantum pro vita rogant. [13]tunc panthera molliter ad eos sic dixisse fertur: [14]'memini, quis me fuste cecidit, [15]quis me saxo nocuit, quis inique gessit, [16]quis panem miserit. [17]sed illis hostis revertor, qui me mori petierunt.'

Haec improbi et iniuriosi audiant et caveant, ne aliquem laedant.

4,6

Parentes vel amici, qui sibi non consentiunt bene, male intereunt, quod taliter narrat nobis subiecta fabula:

[1]Verveces in collectu cum essent una cum arietibus, [2]lanium inter se intrare cognoscentes [3]dissimulaverunt se videre. [4]cum autem ex sese unum cernerent manu lanii mortifera teneri, [5]trahi et interfici, nec sic timuerunt, sed inter se incaute dicebant: [6]'me non tangit, te non tangit, dimittamus trahi, quem trahit.' [7]novissime remansit unus. cum et ipse similiter se trahi videret, [8]sic dixisse lanioni dicitur: [9]'digne sumus laniati singillatim ab uno, [10]qui hoc novissime perspe-

gibt. Als die Nacht kam, gingen alle nach Hause, und sie dachten, er sterbe in der Nacht. Als er darauf seine matten Kräfte wiederbelebt hatte, befreite er sich mit einem schnellen Sprung von dort und eilte zu seinem Lager. Nach wenigen Tagen erinnerte er sich, was er erduldet hatte, kam zu der Ortschaft, schlachtete dort das Vieh ab, scheuchte die Hirten auseinander, wütete mit einem Angriff auf die Pflüger und Bauern und richtete viel durch Verheerung übel zugrunde. Alle hatten Angst, sorgten sich nicht um ihre Verluste, baten nur um ihr Leben. Da sprach der Panther sanft zu ihnen so, wie erzählt wird: »Ich erinnere mich, wer mich mit einem Knüppel schlug, wer mich mit einem Stein verletzte, wer ungebührlich handelte, wer Brot schickte. Aber als Feind kehre ich zu denen zurück, die danach verlangten, dass ich stürbe.«

Das sollen die Ruchlosen und Gewalttätigen hören und sich hüten, jemandem etwas zuleide zu tun.

4,6

Verwandte oder Freunde, die miteinander nicht gut harmonieren, gehen böse zugrunde, was die vorgelegte Fabel uns folgendermaßen erzählt:

Als die Hammel zusammen mit den Widdern in einer Versammlung waren, bemerkten sie, dass der Schlachter zu ihnen hereintrat, und taten so, als erblickten sie ihn nicht. Als sie aber sahen, dass einer von ihnen von der todbringenden Hand des Schlachters gehalten, weggeschleppt und getötet wurde, fürchteten sie sich nicht so sehr, sondern sagten unvorsichtig zueinander: »Mich rührt er nicht an, dich rührt er nicht an, lassen wir denn weggeschleppt werden, wen er wegschleppt.« Zuletzt blieb nur einer übrig. Als auch er selbst sah, dass er gleichfalls weggeschleppt werde, sagte er, wie man sagt, Folgendes zu dem Schlachter: »Wir verdienen es, einzeln von einem Einzigen geschlachtet zu werden, die wir das doch eben

ximus, quia, cum simul essemus, [11]quando te in medio nostri positum aspeximus, [12]capitinis impulsibus quassatum confractumque non occidimus.'

Haec fabula probat, illum consumi a malo, qui se in vita non tutaverit.

4,7

Sapientis consilium nullatenus praetermitti debere ammonet nos subiecta auctoris fabula:

[1]In verno aves diversi generis dum exultarent [2]et in nidis suis velatae fronde sederent, [3]aspiciunt aucupem lippum componere cannas suas [4]et festucam inserere visco. illae ignarae et simplices aves [5]sic inter se narrare coeperunt: [6]'quam pium hominem aspicimus, quia pro nimia bonitate [7]lacrimae ex eius oculis profluunt, quotiens nos aspicit.' [8]De quibus una ales astutior et expertos habens omnes dolos aucupis, [9]sic dixisse fertur: 'heu fugite, simplices et innocentes aves, [10]et ab hac vos eripite fraude. pro qua re moneo, [11]ut impigres alarum pennis vos ad aerem liberum volatu extollatis celeriter. [12]nam, si placet cognoscere ⟨verum⟩, ad eius opera caute intendite [13]et videte, quia, quas fraude ceperit, [14]mox morsu occisas aut praefocatas in cumbam reponit.'

Monet haec fabula, non dubium fieri posse, ab unius consilio multos de periculo liberari.

erst mit angesehen haben, weil wir, während wir zusammen waren, dich, als wir dich in unserer Mitte erblickten, nicht mit Hornstößen zerschlagen, zerschmettert und getötet haben.«

Diese Fabel beweist, dass der von einem Übel aufgerieben wird, der sich im Leben nicht geschützt hat.

4,7

Dass der Rat eines Weisen auf keinen Fall außer Acht gelassen werden darf, mahnt uns die vorgelegte Fabel des Autors:

Während im Frühling verschiedenartige Vögel jubilierten und verhüllt vom Laub in ihren Nestern saßen, erblickten sie einen triefäugigen Vogelfänger, wie er seine Ruten zusammenstellte und den Stab in den Leim tauchte. Die ahnungslosen und einfältigen Vögel begannen so miteinander zu reden: »Was für einen lieben Menschen erblicken wir, da vor allzu großer Güte Tränen aus seinen Augen fließen, sooft er uns erblickt.« Unter ihnen sprach ein einziger klügerer und in allen Listen des Vogelfängers erfahrener Vogel so, wie erzählt wird: »Ach flieht, ihr einfältigen und unschuldigen Vögel, und entreißt euch diesem Trug. Deswegen mahne ich, dass ihr euch unverdrossen mit den Federn der Flügel im Flug schnell in die freie Luft erhebt. Denn wenn es euch gefällt, die Wahrheit zu erkennen, achtet sorgfältig auf seine Taten und seht, dass er die, die er durch Trug fing, bald durch einen Biss tötet oder sie erwürgt und in seinen Ranzen legt.«

Es erinnert diese Fabel daran, dass ohne Zweifel geschehen kann, dass durch den Rat eines einzigen viele aus einer Gefahr befreit werden.

4,8

Solet ab antiquo a nefariis hominibus fallacia et adulatio libenter haberi, honestas autem et veritas bonitasque reprobari, de qua re instruit nos subiecta fabula:

[1]Duo homines, unus fallax et alius verax, simul iter agebant. [2]cum ambularent, venerunt ad provinciam simiorum. [3]quos homines ut vidit unus ex multitudine simiorum, [4]⟨simius iste⟩, qui se aliis priorem constituerat, iussit eos teneri et interrogari, [5]quid illi homines de illo dixissent, et iubet omnes simios [6]sibi similes adstare ante se, ordine longo, dextra laevaque, [7]et sibi sessum contra parari, sicuti viderat iam imperatorem aliquando facere, [8]taliter ante se eos stare fecit. iubentur igitur adduci illi homines in medio. [9]ait ille maior simius: ‘quid sum ego?’ [10]fallax dixit: ‘tu es imperator.’ iterum interrogavit: [11]‘et isti, quos ante me videtis stare, quid sunt?’ [12]idem fallax respondit: ‘hi sunt comites tui, primicerii, campidoctores [milites] et cetera officia.’ [13]et pro hoc ille, qui in mendacio laudatus est cum turba sua, [14]iussit illum remunerari, quia adulatus est et omnes illos fefellit. [15]ille autem verax homo haec apud se aiebat: ‘si iste, qui mendax est [16]et omnia mentitur, sic est acceptus atque remuneratus, [17]quid, si ego verum dixero?’ cum haec secum deliberaret, ait simius ille, [18]qui se imperatorem dici volebat: ‘dic tu, quid sum ego [19]et hi, quos ante me vides?’ at ille, qui veritatem amabat [20]semper et loqui verum consueverat, respondit: ‘tu simius es et hi omnes [21]simii sunt similes tibi.’ [22]continuo iubetur lacerari dentibus et unguibus, [23]quia, quid verum fuit, dixit.

4,8

Seit alter Zeit pflegt von frevelhaften Menschen Betrug und Schmeichelei gern angenommen, Ehrbarkeit aber, Wahrheitsliebe und Güte für schlecht gehalten zu werden, worüber uns die vorgelegte Fabel unterrichtet:

Zwei Menschen, der eine betrügerisch, der andere wahrheitsliebend, machten zusammen eine Reise. Während sie dahinzogen, kamen sie zur Provinz der Affen. Als einer aus der Menge der Affen diese Menschen erblickt hatte, befahl der Affe, der sich zum Anführer über die anderen eingesetzt hatte, dass sie festgehalten und befragt würden, was diese Menschen über ihn sagten, und er befahl, dass alle Affen, die ihm glichen, vor ihm in einer langen Reihe zur Rechten und zur Linken stehen sollten und ihm ein Thron gegenüber zurechtgemacht werde, und wie er es den Kaiser schon irgendwann hatte machen sehen, auf solche Weise ließ er sie vor sich stehen. Es wurde also befohlen, die Menschen in die Mitte zu führen. Der Oberaffe sprach: »Was bin ich?« Der Betrügerische sagte: »Du bist der Kaiser.« Und er fragte wieder: »Und die da, die du vor mir stehen siehst, was sind sie?« Derselbe Betrügerische antwortete: »Die sind deine Gefolgsleute, Würdenträger, Exerziermeister und andere Amtsinhaber.« Und dafür ließ der, welcher lügenhaft zusammen mit seiner Schar gepriesen wurde, jenen beschenken, weil er geschmeichelt und diese alle getäuscht hatte. Der wahrheitsliebende Mensch aber sprach bei sich dies: »Wenn der, welcher lügenhaft ist und alles erlügt, so willkommen ist und beschenkt wurde, was ist, wenn ich die Wahrheit sage?« Während er das bei sich überlegte, sprach der Affe, der wollte, dass er Kaiser genannt werde: »Sage du, was ich bin und die, die du vor mir siehst?« Und der, welcher die Wahrheit liebte und stets Wahres zu sagen pflegte, antwortete: »Du bist ein Affe und diese alle sind dir gleiche Affen.« Sofort wurde befohlen, dass er mit Zähnen und Krallen zerfleischt werde, weil er das, was wahr war, sagte.

Hoc modo fieri ⟨et⟩ a malis hominibus solet, ut fallacia et malitia ametur et honestas vel veritas laceretur.

4,9

Inimicitias ponere melius est quam postea de inimicitiis, dum se non valet ulciscere, paenitere, ut in praesenti probatur fabula:

[1]Equus et cervus inimicitias inter se duxerunt. [2]cumque videret equus cervum in omnibus aptum, excussum, leviorem et corpore decorum et arboreis cornibus ornatum, [3]equus livore coactus se ad venatorem contulit. [4]cui ait: 'est in prospectu cervus, omnibus ad videndum mirabilis. [5]quem si venabulo poteris transfigere, abundabis pulcherrima carne ad escam. [6]cuius corium cornua et ossa pecunia vendes non parva.' [7]ille venator cupiditate accensus 'quomodo' ait 'poterimus capere cervum?' [8]et equus venatori dixit: 'ego monstrabo capiendum meo labore cervum, [9]tu vero sedens super me, cum secutus fuero, venabulo manu tua excusso, vulnerato cervo et occiso, tua venatione perfecta gratulabimur ambo.' [10]hoc dicto venator super equum ascendens, de loco cervo moto, cum agitaret in cursum, [11]cervus, non immemor sui naturalis ingenii, celeres tendebat pedes transiliens ⟨colles et⟩ campos, ⟨et⟩ in saltum cursu veloci illaesus evasit. [12]equus vero cum sudore se maceratum et fatigatum videret, sic dixisse sessori fertur: [13]'quo tendebam attingere non potui. descende et vade solito more transigere vitam tuam.'

Auf diese Weise pflegt es auch vonseiten böser Menschen zu geschehen, dass Betrug und Boshaftigkeit geliebt und Ehrbarkeit und Wahrheitsliebe zerfleischt wird.

4,9

Eine Feindschaft beizulegen ist besser, als über die Feindschaft später, wenn man sich nicht rächen darf, Reue zu empfinden, wie in der jetzt vorliegenden Fabel bewiesen wird:

Das Pferd und der Hirsch hegten Feindschaft untereinander. Und weil das Pferd sah, dass der Hirsch in allem geschickt, hoch aufgeschossen, sehr flink, körperlich schön und mit einem Geweih geschmückt war, begab sich das Pferd, von Neid getrieben, zu dem Jäger. Zu dem sprach es: »Da ist in Sichtweite der Hirsch, für alle wunderbar anzuschauen. Wenn du den mit dem Jagdspieß durchbohren kannst, wirst du Überfluss haben an schönstem Fleisch zum Essen. Seine Haut, sein Geweih und seine Knochen wirst du für nicht geringes Geld verkaufen.« Der Jäger sagte, von Gier entbrannt: »Wie werden wir den Hirsch fangen können?« Und das Pferd sagte zu dem Jäger: »Ich werde dir zeigen, wie durch meine Mühe der Hirsch zu fangen ist, du aber setz dich auf mich, schleudere, während ich ihn verfolge, mit deiner Hand den Jagdspieß, verwunde und töte den Hirsch, und wenn deine Jagd beendet ist, werden wir einander beglückwünschen.« Als der das gesagt hatte, bestieg der Jäger das Pferd, und als er, nachdem er den Hirsch von seinem Standort verjagt hatte, ihn zum Laufen antrieb, streckte der Hirsch, der seine natürliche Begabung nicht vergaß, seine schnellen Beine, sprang dahin über Hügel und Felder und entkam in raschem Lauf unverletzt in den Gebirgswald. Als das Pferd sich aber von Mühsal entkräftet und erschöpft sah, sprach es, wie erzählt wird, so zu dem Reiter: »Wonach ich strebte, das konnte ich nicht erreichen. Steig ab und geh, um dein Leben in der gewohnten Weise zu ver-

[14]cui contra desuper sessor: 'non habes' inquit 'potestatem curren-
di, [15]quia frenum in ore habes, nec saltum dare, quia sella te premit.
[16]si calcitrare volueris, flagellum in manu teneo.'

Illos increpat haec fabula, qui, cum alios voluerunt nocere, se potius subiugant.

4,10

Multi credunt voce sua fortes terrere sicut debiles, et pro hoc audiamus subiectam fabulam:

[1]Asinus e diverso occurrit leoni. cui sic dicere coepit: [2]'ascendamus
in cacumine montis et ostendam tibi, [3]quia et me multi timent.' leo
ridens ad aselli verba 'eamus' inquit. [4]cumque venissent ad locum,
stans cum fera asellus in edito loco [5]voce clamare coepit. quem
audientes vulpes et lepores currere coeperunt. [6]cui leo contra sic di-
xisse fertur: [7]'poterat et me terrere vox tua si non ⟨te⟩ scirem, quis
esses.'

Haec fabula monet, derideri hinc potius debere, qui virtute facere nihil valet et verbis inanibus quemquam terrere credit.

4,11

[1]Corvus simulans, se natale celebrare, [2]aves ad cenam invitavit.
[3]deinde ingressus clausit ostium et singulatim coepit occidere eas.

bringen.« Ihm entgegnete von oben herab der Reiter: »Du hast keine Möglichkeit zu laufen, weil du den Zügel im Maul hast, und nicht zu springen, weil der Sattel dich drückt. Wenn du ausschlagen willst, halte ich die Peitsche in der Hand.«

Diejenigen tadelt diese Fabel, die, wenn sie anderen schaden wollen, sich selber stärker unter das Joch bringen.

4,10

Viele glauben, sie könnten mit ihrer Stimme Tapfere erschrecken, als wenn die schwach wären, und dazu lasst uns die vorgelegte Fabel hören:

Der Esel begegnete aus entgegengesetzter Richtung dem Löwen. Zu ihm begann er so zu sprechen: »Lasst uns auf den Gipfel des Berges steigen, und ich werde dir zeigen, dass viele auch mich fürchten.« Der Löwe lachte über die Worte des Esels und sagte: »Lasst uns gehen.« Als sie vor Ort kamen, stand der Esel mit der Bestie an erhöhtem Ort und begann mit seiner Stimme zu brüllen. Ihn hörten Füchse und Hasen und begannen zu rennen. Zu ihm sprach dagegen der Löwe so, wie erzählt wird: »Deine Stimme könnte auch mich erschrecken, wenn ich nicht von dir wüsste, wer du bist.«

Diese Fabel erinnert daran, dass der noch mehr verlacht werden muss, der mit seiner Kraft zu nichts stark ist und jemanden durch leere Worte erschrecken zu können glaubt.

4,11

Der Rabe gab vor, er feiere seinen Geburtstag, und lud die Vögel zum Mahl ein. Darauf trat er ein, verschloss die Tür und begann, sie einzeln zu töten.

Haec fabula facta est in illos, qui ad spem hilarem proficiscentes contraria patiuntur.

4,12

[1]Leo iam deficiens languorem fingebat, [2]et per eam fallaciam ceterae bestiae ad visitandum eum introibant. [3]leo autem continuo edebat eas. [4]vulpis autem veniens ante speluncam stetit et salutavit eum. [5]interrogata autem a leone, [6]'quare non intrasti?', [7]respondit: 'quoniam video introeuntium vestigia, exeuntium autem non video.'

Sic quorundam periculum doctrina ⟨nobis⟩ debet esse nostrae salutis, quia in domum potentis facile quisquam intrat, exire autem tarde est.

4,13

[1]Cornix sitiens accessit ad urnam dimidiam aquae [2]et eam conabatur evertere. [3]sed quoniam fortiter stabat, non poterat eam movere. [4]quod cum videret, hoc argumentum invenit: [5]sumens calculos misit in urnam, et ex multitudine calculorum [6]aqua ex urna sursum perfusa est, et sic suam extinxit sitim.

Ita fiet pessimis, qui bona sua non dividunt cum amicis suis.

Diese Fabel ist mit Blick auf die gemacht, welche in fröhlicher Hoffnung reisen und das Gegenteil erleiden.

4,12

Als der Löwe schon kraftlos wurde, täuschte er Krankheit vor, und aufgrund dieser List gingen die Tiere, um ihn zu besuchen, zu ihm hinein. Der Löwe aber fraß sie sofort auf. Als aber der Fuchs kam, blieb er vor der Höhle stehen und grüßte ihn. Von dem Löwen aber gefragt »Warum bist du nicht eingetreten?«, antwortete er: »Weil ich Spuren von Hineingehenden sehe, von Herausgehenden aber keine sehe.«

So muss uns die Gefahr für Manche eine Lehre über unser Wohl sein, da man das Haus eines Mächtigen leicht betritt, es aber ein langsames Herauskommen ist.

4,13

Die Krähe, die Durst hatte, kam zu einem mit Wasser halb gefüllten Krug und versuchte ihn umzustürzen. Aber weil er fest dastand, konnte sie ihn nicht bewegen. Als sie das sah, fand sie diesen Trick heraus: Sie nahm Steinchen und warf sie in den Krug, und infolge der Menge der Steinchen floss das Wasser aus der Urne über, und so konnte sie ihren Durst löschen.

So wird es sehr Bösen ergehen, die ihre Güter nicht mit ihren Freunden teilen.

4,14

[1]Puer in silva cigaras captans stetit super quendam lapidem, [2]sub quo iacebat scorpius. quem conabatur puer vertere. [3]cui scorpius dixi sic: 'vide, miser, ne, dum me captas, te ipsum perdas.'

Praecipit haec fabula nihil tale audere, quod sit periculosum.

4,15

Malo homini nunquam fides adhibenda est. hanc pro hoc audi fabulam:

[1]Asinum aegrum lupus visitabat et coepit corpus eius tangere [2]et interrogare, quae maxime partes ei dolerent. [3]respondit asellus: 'quas tu tangis.'

Sic homines mali etiam, si prodesse se fingunt et bene loqui simulatorie velint, magis nocere festinant.

4,16

Aliquando minores solent inter se detrahere maioribus, de hoc audi fabulam:

[1]⟨Taurus fugiens leonem se in speluncam misit,⟩ ubi erant tres hirci, ⟨qui⟩ viderunt eum timentem ⟨leonemque⟩ fugientem [2]et deridebant eum, ille autem respondebat eis: [3]'o desperati et ignari, si sciretis, [4]qualem fugio, non de me rideretis.'

Sic ergo saepius potentibus personis ab inferioribus detrahi solent.

4,14

Ein Junge, der in einem Wald Zikaden fangen wollte, stand auf einem Stein, unter dem ein Skorpion lag. Den versuchte der Junge umzudrehen. Zu ihm sprach der Skorpion so: »Sieh zu, du Armer, dass du nicht, wenn du mich fangen willst, dich selbst umbringst.«

Diese Fabel rät eindringlich, nichts dergleichen zu wagen, was gefährlich ist.

4,15

Einem schlechten Menschen darf niemals Vertrauen geschenkt werden. Dazu höre diese Fabel:

Den kranken Esel besuchte der Wolf, fing an, dessen Leib zu betasten und zu fragen, welche Teile ihm am meisten wehtäten. Zur Antwort gab der Esel: »Die, die du betastest.«

So beeilen sich böse Menschen, auch wenn sie zu nützen vorgeben und täuschend schön reden wollen, mehr zu schaden.

4,16

Manchmal pflegen die Kleineren unter sich die Größeren herunterzumachen; darüber höre die Fabel:

Ein Stier floh vor einem Löwen und stürzte in eine Höhle, wo drei Böcke waren, die sahen, dass er einen Löwen fürchtete und vor ihm floh, und sie lachten ihn aus, er aber entgegnete ihnen: »O ihr Nichtswürdigen und Unwissenden, wenn ihr wüsstest, vor was für einem ich fliehe, würdet ihr nicht über mich lachen.«

So also pflegen öfter mächtige Personen von niedrigeren heruntergemacht zu werden.

4,17

Virtutis opus est factis aliquid probare. ac per hoc audi fabulam: [1]Homo et leo cum inter se certarent, quis ⟨eorum⟩ esset superior, [2]et quaererent huius altercationis testimonium, [3]cum venissent ad monumentum, ubi erat pictura, quomodo leo ab homine suffoca⟨ba⟩tur, [4]ostendit homo illi testimonium in pictura. [5]cui leo ait: ‘hoc ab homine pictum est, nam si leo pingere nosset, [6]saepe pictum videres, quomodo leo suffocasset hominem. sed ego’ inquit [7]‘dabo tibi verum testimonium.’ deduxit leo hominem ad amphitheatrum [8]et ostendit illi vera fide, quomodo homo a leone suffocatur, [9]et dixit: ‘hic colorum testimonia non sunt ⟨opus⟩, sed veritate facta.’

Haec fabula probat, mendacium colore compositum a veritate cito superari, ubi est certa probatio.

4,18

Aliquanti, cum nihil sint ipsi, se magnificant, ut haec auctoris brevis fabula narrat:

[1]Pulex in cameli sarcina, cum fuisset camelus onustus, [2]plaudebat se esse meliorem. longum iter cum agerent, [3]venerunt simul ad vesperum in stabulum. pulex vero statim se [4]ante pedes cameli excussit et sic dixisse pulex fertur: ‘bene feci’ inquit ‘parcens, [5]ne te diutius gravarem.’ et camelus ad pulicem sic ait: [6]‘gratias ago, sed nec te

4,17

Es ist die Aufgabe der Tugend, etwas durch Taten zu beweisen. Doch höre darüber eine Fabel:

Als der Mensch und der Löwe miteinander stritten, wer von ihnen überlegen sei, und nach einem Zeugnis für den Gegenstand des Streites suchten, und als sie zu einem Denkmal kamen, worauf ein Bild war, ⟨das zeigte⟩, wie ein Löwe von einem Menschen erwürgt wurde, zeigte der Mensch dem anderen das Zeugnis auf dem Bild. Zu ihm sprach der Löwe: »Dies wurde von einem Menschen gemalt, denn wenn ein Löwe zu malen verstünde, sähst du oft ein Bild, ⟨das zeigt⟩, wie ein Löwe einen Menschen erwürgt hat. Aber ich«, sagte er, »werde dir ein wirkliches Zeugnis liefern.« Der Löwe führte den Menschen zu einem Amphitheater, zeigte ihm wahrhaft authentisch, wie ein Mensch von einem Löwen erwürgt wird, und sagte: »Hier brauchen die Zeugnisse keine Farben, sondern sind von der Wahrheit gemacht.«

Diese Fabel beweist, dass eine mit Farbe fabrizierte Lüge von der Wahrheit schnell übertroffen wird, sobald es einen sicheren Beweis gibt.

4,18

Manche preisen sich, obwohl sie selbst nichts sind, wie diese kurze Fabel des Autors erzählt:

Als das Kamel beladen worden war, beklatschte sich der Floh im Gepäck des Kamels als einen Besseren. Als sie einen langen Weg zurücklegten, kamen sie gemeinsam gegen Abend in einen Stall. Der Floh aber sprang sofort dem Kamel vor die Füße, und der Floh sprach so, wie erzählt wird: »Ich habe dir etwas Gutes getan«, sagte er, »indem ich dich verschonte, um dich nicht länger zu belasten.« Und das Kamel sprach so zum Floh: »Ich danke dir, aber ich wurde

imposito gravatus sum ⟨nec te nunc deposito sum alleviatus⟩.'

Hanc illi audiant fabulam, qui nec gravare nec iuvare aliquando possunt meliores.

4,19

De tardis ac pigris talem auctor rettulit fabulam:

[1]Hiemis tempore formica frumentum ex caverna trahens siccabat, [2]quod aestate colligens coagulaverat. cicada autem eam rogabat esuriens, [3]ut daret illi aliquid de cibo, ut viveret. [4]cui formica 'quid faciebas' inquit 'in aestate?' [5]at illa: 'non mihi vacabat, per sepes oberrabam cantando.' [6]ridens formica ac frumentum includens ait: 'si aestate cantasti, hieme salta.'

Haec fabula pigrum docet, ut tempore certo laboret, ne, dum minus habuerit, dum petierit, non accipiat.

4,20

Homo malus multos perdit et ipse solus perit, ac per hoc audi fabulam istam:

[1]Gladium viator, dum ambulabat, iacentem invenit in via. [2]quem interrogavit: 'quis te perdidit?' [3]cui contra telum: 'me quidem unus, [4]ego vero multos.'

Haec fabula narrat malum posse perire, sed ante multos nocere [posse].

nicht belastet, als du auf mir saßt, und bin jetzt, nachdem du abgesessen bist, nicht erleichtert.«

Diese Fabel sollen die hören, welche die Bessergestellten weder belasten noch irgendwann unterstützen können.

4,19

Über die Langsamen und Faulen erzählte der Autor folgende Fabel:

Zur Winterszeit zog die Ameise aus ihrem Loch Getreide, das sie im Sommer gesammelt und zusammengeballt hatte, und trocknete es. Die Zikade aber bat sie, weil sie Hunger hatte, dass die ihr etwas von ihrer Speise gebe, damit sie leben könne. Zu ihr sagte die Ameise: »Was hast du im Sommer gemacht?« Und die: »Ich hatte keine freie Zeit, ich streifte singend durch Hecken.« Die Ameise lachte, schloss ihr Getreide ein und sprach: »Wenn du im Sommer gesungen hast, tanze im Winter.«

Diese Fabel lehrt den Faulen, zu einer bestimmten Zeit zu arbeiten, damit er nicht, wenn er weniger hat, wenn er um etwas bittet, nichts bekommt.

4,20

Ein schlechter Mensch richtet viele zugrunde und geht selbst allein zugrunde, und dazu höre diese Fabel hier:

Ein Wanderer fand, während er dahinzog, ein Schwert, das auf der Straße lag. Er fragte es: »Wer hat dich zu Boden geworfen [*auch:* dich zugrunde gerichtet]?« Ihm erwiderte die Waffe: »Mich zwar nur einer, ich aber viele.«

Diese Fabel erzählt, dass ein Böser untergehen, aber vorher noch vielen schaden kann.

4,21

De iniuriis innocentum Aesopus talem fabulam narrat:
[1]Otiosa quaedam cornix supra ovem consedit, tundens dorsum eius. [2]hoc cum diu fecisset, sic ad illam ovis dixisse fertur: [3]'cani haec si fecisses, non ferres latratum eius nec iracundiam oris illius.' [4]et cornix talia ovi ait: 'collo quidem forti sedeo et scio, quem lacessere debeo. [5]quia sum antiqua annis, improba innocentibus, amica autem asperis. [6]sic me creatam dii voluerunt.'

Haec fabula in illos dicta est, qui infimis et eorum innocentiae iniuriantur.

De statua sua Aesopus ad cives:
[1]Scripta et ingenium Aesopi ut agnoverunt, [2]quod multarum semitarum amplissimas faceret vias, [3]et pepercisset humilibus, dum alligaverit multos, qui erant summi Atticorum, [4]statuam posuerunt Aesopo, cuius sub statua sunt tituli: [5]'quoniam artis vias ingenio intellexi, mox fabulas edidi.' [6]'ideo cives posuimus statuam, quod est alicuius laboris bona remuneratio, sic scientes sequi querellas.'

4,21

Über die Gewalttaten gegenüber Unschuldigen erzählt Äsop folgende Fabel:

Müßig saß eine Krähe auf einem Schaf und pickte ihm in den Rücken. Als sie das lange getan hatte, sagte zu ihr, wie erzählt wird, das Schaf: »Wenn du dem Hund dies angetan hättest, hättest du sein Gebell und die Wut seiner Schnauze nicht ertragen.« Und die Krähe sagte Folgendes zu dem Schaf: »Ich jedenfalls sitze auf einem starken Hals, und ich weiß, wen ich reizen darf. Weil ich alt an Jahren bin, bin ich ruchlos zu Unschuldigen, lieb aber zu Rohen. So wurde ich nach dem Willen der Götter erschaffen.«

Diese Fabel ist gegen die gesagt, die Schwachen und deren Unschuld Gewalt antun.

Äsop über seine Statue zu den Bürgern:

Sobald man die Schriften und das Genie Äsops anerkannt hatte, weil er aus vielen Pfaden sehr geräumige Wege machte und die Niedrigen schonte, während er sich viele verpflichtete, welche die Obersten der Attiker waren, stellte man für Äsop eine Statue auf, und unter dieser Statue sind Inschriften: »Als ich die Wege der Kunst durch mein Genie erkannt hatte, gab ich hierauf Fabeln von mir.« »Deshalb haben wir Bürger eine Statue aufgestellt, was für die Mühe von jemandem eine gute Belohnung ist, indem wir auf diese Weise den Klagen Folge zu leisten verstanden.«

ANHANG

ZUM LATEINISCHEN TEXT DIESER AUSGABE

Da für Avian mit der Ausgabe Antonio Guaglianones (s. S. 230) eine textkritische Edition vorliegt, die modernen Ansprüchen genügt, weicht der hier präsentierte Text von seinem nur an relativ wenigen Stellen ab; generell ist zu sagen, dass die Promythien und Epimythien hier nicht (durch eckige Klammer) athetiert sind und die Zeichensetzung teilweise verändert ist. Georg Thiele (s. S. 232) entspricht mit seinem Konzept der Edition des *Aesopus Latinus* in der *recensio Gallicana*, so bedeutend seine philologische Leistung insgesamt ist, an einer ganzen Reihe von Stellen nicht mehr dem, was heute erwartet wird. Denn bei seiner Texterstellung spielte, wie in der Einführung näher ausgeführt, Wunschdenken eine wichtige Rolle, weswegen er z. B. Lesarten des Ademar-Kodex, die erheblich von denen der übrigen Handschriften der *recensio Gallicana* abweichen, aber seinen Vorstellungen vom ›Archetyp‹ entgegenkamen, allzu bereitwillig in seinen Text dieser *recensio* aufnahm. Im vorliegenden Text dagegen sind die Lesarten der beiden ältesten Vertreter einer Gesamtausgabe dieser *recensio*, B und S, bevorzugt. Was beim gegenwärtigen Stand der Forschung nicht geleistet werden kann, ist die Erstellung einer ganz neuen, auf Kollation der Kodizes gestützten Edition gemäß den Kriterien der gegenwärtigen Textphilologie. Außerdem handelt es sich hier um eine Bilingue, und was eine solche in erster Linie bieten sollte, ist ein Lesetext für ein möglichst breites Publikum. Ein solcher wurde in diesem Falle sogar dringend benötigt, da ›Romulus‹, der die Entwicklung der Fabel im Mittelalter und in der frühen Neuzeit am stärksten beeinflusst hat und deshalb für Neuphilologen besonders interessant ist, bisher außer in Heinrich Steinhöwels Version von 1476/77 nicht Lateinisch/Deutsch existierte. Ich gehe daher nach wie vor von Thieles Text und seinem Apparat aus, habe aber immer dann alternative Lesarten bevorzugt, wenn ich es für ratsam hielt. Eine neue textkritische Ausgabe der *recensio Gallicana* bleibt ein Desiderat.

Da die Überschriften der Fabeln in den Avian- und Romulus-Handschriften aus dem Mittelalter stammen, sind sie in die vorliegende Ausgabe nicht aufgenommen. Das Auffinden einer bestimmten Fabel ermöglicht der Fabelindex.

	Guglianone	diese Ausgabe
Prol.	*incipiunt* [...] *Theodosium*	*Avianus Theodosio* Ka
2,2	*volucrum*	*volucrem* mehrere Hss.
10,5	*praeflant*	*perflant* Ba
15,2	*continuasse*	*continuisse* mehrere Hss.
15,8	*arcatum*	*arcanum* Hss.
17,6	*eram*	*ego* Schenkl
17,9	*at fixum*	*affixum* Hss.
18,9	*furiisque*	*factisque* Hss.
21,8	*proficietur*	*perficietur* mehrere Hss.
22,6	*cum*	*ut* Hss.
22,7	*praestan⟨t⟩ di*	*praestandi* fast alle Hss.
	quae speraverit	*quaeque rogaverit* mehrere Hss.
23,5	*munera*	*numina* Mehrzahl der Hss.
23,11	*sancti*	*fani* Baehrens
24,8	*extinctam* [...] *feram.*	'*extinctam* [...] *feram.*' Küppers
29,18	*reflat*	*sufflat* die meisten Hss.

	Thiele	diese Ausgabe
Aes. 4	*iucundam*	*iucundes* Thiele im Komm.
1,1,4	⟨*cum*⟩ [*quo*]	*quo* B
1,2,5	*erubuit* ⟨? *contraire*⟩	*erubuit* B
1,4,3	*testes* ...	*testes*. BS
1,4,6	† *quare negasti*	*quare negasti* BSM
1,7,2	[*continuo*]	*continuo* BSMF
1,9,1	[*alteram*] ⟨*scrofam*⟩	*alteram* BSM
1,9,4	[*deinde*] ⟨*post*⟩	*deinde* BS
	[*iam*]	*iam* BSF
1,9,8	*quid* ⟨*me*⟩ *turbas?* ⟨*cur iniuriosa sic mihi occurris?*⟩ [*quid te turbas cum iniuria si mihi et turbae occurris*]	*quid me turbas cum iniuria? si mihi meaeque turbae occurras* S
1,10,2	† *latera*	*lares* S
1,10,4	† *multa*	*multa* SF
1,12,14	† *ubi*	*ibo* Thiele im Komm.
1,14,6	volato ....., ubi	volato ⟨et vide⟩, ubi nach W ergänzt
1,15,1	*alta* ⟨*super*⟩ [*con*]*sedit* [*in*]	*alta consedit in* BSF
1,16,8	† *cum*	*autem* F

1,17,11	*⟨et super asinum insurgunt⟩*	*ac verberibus* S
1,18,10	*agnovit,*	*agnovit ⟨vocem leonis⟩*, Thiele im Komm.
	† *quid*	*quid* B
1,19,ep.	*facere † manibus et*	*facere et* Thiele im Komm.
1,20,1f.	[*Spargi et arari lini semen aves* † *omnes cum ⟨viderent,*] *aves quaedam cum essent in unum viderunt hominem linum seminantem⟩* 2 *⟨et⟩ pro*	*Spargi et arari lini semen aves omnes cum viderent,* BS, F ohne *omnes* *pro* BSM
2 prol.5	† *ex bonorum*	*bonorum* MF
	[*quod ille securus vivat, qui non habet, quem timeat.*]	= Epimythium zu 2,1, also nur dort
2,1,2	† *consilio vano adepti*	*consilio vano adepto* Thiele im Komm.
2,1,5	† *quasi*	*quasi* BSFM
2,1,6	† *gravati hac lege*	*caedem hanc severam legitime sustinebant* B
2,1,10	† *'vacantes*	*vagantes* BSMF
2,2,6	† *modo*	*modo* BSMF
2,3,3	† *et unde vicem redditurus sum* † *una cum domino domus et tota familia ⟨nostra.⟩*	*et unde redditurus sum vicem domino meo et toti familiae nostrae* F
2,3,8	† *volo*	*volo* BSM
2,4prom	*quis ..... ne*	*quisquis debet ne* Thiele im App.
2,6,12	*dubia est fides*	*dubium est filios* Thiele im Komm.
2,7,2	*⟨angustia⟩* [*annis iam*]	*annis iam* BS
2,7,4	† *exivit*	*eripuit* Thiele im Komm.
2,7,5	*⟨et⟩ quia*	*quia* BM
	⟨fortiter⟩ fatigat	*fatigat* BMF
2,9,6	*sanguinem ⟨bibere et carnes edere⟩*	*sanguinem* BSMF
2,10,2	*pauper ⟨ditior⟩*	*dives homo ille* F
2,10,7	... *⟨usque⟩ dum cicatrix. clauserit*	*dum cicatrix clausa erit* B
2,12prom	† *non*	*non* BSMF
2,12,3	*faciebat ... et calvus*	*faviebat molestiam et* F
2,13,4	*⟨et † verecunda⟩*	*et irata* F
2,16,2	*⟨prior ait⟩*:	*sic coepit prior* BSM
2,16,10	[*undique*	*undique* BSMF
	abiceris]	*abigeris* S
2,16,11	*pruina*	*bruma* BSM
2,17prom	[*quod*	*quod* F

	fabula.]	*fabula.* F
2,18,6	*partes* † *eorum*	*partes* S
2,19,2	*dixit illi* [*rogo, inquit*]:	[*dixit illi*] *rogo, inquit* B
2,19,3	[*muribus*]	*muribus* SMF
2,19,8	† *tu*	*tu* BSF
3,1,2	[*fera*]	*fera* B
3,1,4	[*nec moratus*]	*nec moratus* B
3,1,10	† *curreret*	*curreret* B
3,1,11	† *pastor*	*pastor* BSM
3,3,8	† *terrore*	terrore BS
3,3,9	[*et cum gemitu testatur deos*]	*et cum gemitu testatur deos* BSMF
3,5,11	† *contractum*	*contactum* Thiele im Komm.
3,6,2	*eius* ⟨*voce*⟩ *et*	*eius et* BSM
3,7,8	*deceptu*[*i*]*osa*	*deceptiosa* BSMF
3,9,6	*observaret*[*ur per vices*]	*observaret*[*ur*] *per vices* B
3,9,8	† [*pulcram*] † *rediens*	*pulcram, rediens* B
3,9,15	† *loco*	*loculo* Thiele im Komm., Vanini
3,9,17	† *misericordia*	*misericordia* B
	miles † *potuit*	*militi oportuit* S
3,11,2	*ait ... per*	*ait per* B
3,14,5	† *abhastatum*	*adhastatum* Thiele im Komm.
3,15,12	[*non*] ⟨*abun*⟩*de est*	*non deest* BSMF
3,15,14	*ut* ⟨*sic*⟩	*ut* BSMF
3,15,24	... *vivere volo* [*liber*]	*vivere volo liber* BS
3,17,5	⟨*plus*⟩ *longior*	*longior* BSF
3,18,3	† *lucri causa*	*lucri causa* BSMF
3,19,7	† *tamdiu*	*interdiu* Thiele im Komm.
3,19,12	[*et*]	*et* BM
3,19,22	*inscius*	[*inscius*] Thiele im Komm.
3,19,27	† *miratur*	*miratur* BSMF
3,20,7	*cum* ⟨*de*⟩	*cum* BM
	⟨*vocat*⟩ *simium* ⟨*ad se*⟩ *interrogat*	*postea simium interrogabat* BS
3,20,8	⟨*suavius*⟩ *cinnamono*	*quasi cinnamomum* B
3,20,9	*leo* ⟨*vero*⟩ *erubuit*	*leo erubuit* BSM
3,20,11	† *venas*	*venas* BF
4,1,2	† *alto gradu*	*alto gradu* BM
4,3,13	'⟨*quam gratiam habebo, quod te ipse celaverim*⟩? [*quid est gratum me habes, quod te celaverim*]	*et quidem gratum habes quod te celaverim* B

4,4,1	† *humana*	*humana* BS
4,4,6	† *refulgent*	*refulgent* B
4,4,11	[*semper*]	*semper* BS
	† *probanda*	*prolubida* Thiele im Komm.
4,5,prom	*est* ⟨*misero*⟩, *ne*	*est*, *ne* BM
4,5,5	† *huius*	*huius* B
4,10,4	[*asellus*]	*asellus* BSM
4,11epim	† *opem*	*spem* Ps.-Dosith.
4,12,[illegible]	⟨*in annis*⟩	*iam* BSF
4,12,6	† *intrasti*	*intrasti* BSM
4,14,1	† *auguria*	*cigaras* Heraeus
4,14,2	*pro* † *ururia* † *evertere*	*vertere* B
4,14,3	*perdas* ⟨*vivus pereas*⟩.	*perdas*. B
4,15,1	.... *ubi*	⟨*Taurus fugiens leonem se in speluncam misit,*⟩ ergänzt aus Ps.-Dosith.
	hirci	*hirci,* ⟨*qui*⟩ aus Ps.-Dosith. ergänzt
	† *equum*	*eum* Ps. Dosith.
4,17,3	† *cum*	*cum* BSM
4,19,5	† *per*	*per* BS
4,21,3	† *temptationem hanc*	*haec* BF
4,21,4	† *collo quidem forti* † *secdeo* ⟨*et novi quando sessum eo*⟩ *et*	*collo quidem forti secdeo* B *et* B

ERLÄUTERUNGEN

Zu jeder Fabel werden, soweit vorhanden, die thematisch verwandten Versionen anderer antiker sowie (in Auswahl) mittelalterlicher und neuzeitlicher Autoren genannt. Ein ausführliches Verzeichnis bietet G.-J. van Dijk, *Aesopica Posteriora*. Medieval and Modern Versions of Greek and Latin Fables. 2 Bde., Milano 2015; die von ihm für die Fabeln gewählten Nummern sind jeweils in eckigen Klammern angegeben.

Adem. — Fabeln des lateinischen (Pseudo-)Äsop in der Leidener Handschrift Cod. Voss. lat. 8° no. 15, die nach ihrem Redaktor Ademar-Kodex genannt wird (Ausgabe mit italienischer Übersetzung: F. Bertini/P. Gatti: Ademaro di Chavannes. Favole, Genova 1988).

Aphth. — 40 Fabeln des Rhetors Aphthonios (nur auf Griechisch in: CFA I 2, 133–151).

Babr. — Babrios (Text und Übersetzung: N. Holzberg, Babrios, Fabeln, Berlin/Boston 2019).

Boner — Ulrich Boner, *Der Edelstein* (14. Jh.; Erstdruck 1461); Ausgabe: M. Stange. Pforzheim 2016.

Brant — Sebastian Brant, *Additiones* [zu Steinhöwel, s. u.] (Text und Übersetzung in: Sebastian Brant: *Fabeln. Carminum et fabularum additiones Sebastiani Brant – Sebastian Brants Ergänzungen zur Aesop-Ausgabe von 1501*. Mit den Holzschnitten der Ausgabe von 1501 hg., übers. und mit einem Nachw. versehen v. Bernd Schneider, Stuttgart 1999 (Arbeiten und Editionen zur Mittleren Deutschen Literatur N. F. 4).

CFA — Aesops Fabeln in den drei überlieferten Redaktionen (nur auf Griechisch in: A. Hausrath, Corpus Fabularum Aesopicarum I: Fabulae Aesopicae soluta oratione conscriptae, Leipzig ^{2}1970 = Fasc. 1 und ^{2}1959 = Fasc. 2 curavit H. Hunger; Übersetzung jeweils der ältesten Version in: Irmscher [s. Avian], 9–152).

La Fontaine — Jean de La Fontaine, *Fables* (Text und Übersetzung: E. Dohm/G. Fabricius, J. La Fontaine, Sämtliche Fabeln, Düsseldorf 2002).

Luther — *Etliche Fabeln aus Esopo von D. M. L. verdeutscht* (1530), Ausgabe: R. Dithmar, Darmstadt ^{2}1995.

ParaBodl — Paraphrasis Bodleiana (Oxford, Bodleianus Auct. F 4.7; nur auf Griechisch in: P. Knöll, Fabularum Babrianarum paraphrasis Bodleiana, Wien

1877 = London 2018; mit französischer Übersetzung, aber nicht vollständig in: E. Chambry, Ésope. Fables. Texte établi et traduit, Paris 1927).

Phaedr. Phaedrus (Text und Übersetzung in: N. Holzberg, Phaedrus, Berlin/Boston 2018).

Ps.-Dosith. 16 Fabeln in: Ps.-Dositheos, *Hermeneumata* (Griechisch/Lateinisch in: G. Goetz, Hermeneumata Pseudodositheana, Leipzig 1892, 39–47; nur auf Griechisch in: CFA I 2, 120–129).

Sachs Hans Sachs, Fabeln (Ausgaben: 1. KG = A. v. Keller/E. Goetze, Hans Sachs. 26 Bde., Tübingen 1870–1908 = Hildesheim 1964; 2. GD = E. Goetze/K. Drescher, Hans Sachs. Sämtliche Fabeln und Schwänke. 6 Bde., Halle 1893–1912).

Steinhöwel Heinrich Steinhöwel, *Esopus*, Ulm 1476/77 (Ausgabe: H. Österley, Tübingen 1873).

Synt. Fabeln des Syntipas (nur auf Griechisch in: CFA I 2, 155–183).

Tetr. *Tetrasticha* des Ignatios Diakonos und anderer in zwei Teilen (nur auf Griechisch in: O. Crusius, Babrii fabulae Aesopeae. Accedunt fabularum dactylicarum et iambicarum reliquiae. Ignatii et aliorum tetrasticha iambica rec. a C. F. Mueller, Leipzig 1897, 264–296; nur die 57 Fabeln aus Teil I sind übersetzt in: Irmscher [s. Avian], 437–451).

van Dijk siehe Vorbemerkung.

Waldis Burkard Waldis, *Esopus* (1548); Ausgabe: L. Lieb/J. Mohr/H. Vögel. Berlin/Boston 2011 (Frühe Neuzeit 154).

Wiss. Fabeln des lateinischen (Pseudo-)Äsop in der Wolfenbütteler Handschrift. Cod. Gud. Lat. 148 (ehemals in Weißenburg/Elsass, daher auch Cod. Wissenburgensis).

Avian

Zu Steinhöwel erscheint die Nummer der Zählung seiner Auswahl und in Klammern seine fortlaufende Zählung.

Pr. *Theodosius:* Alles spricht dafür, dass der Literat und Philologe Macrobius Ambrosius Theodosius (um 400 n. Chr.) gemeint ist.

Attiker: Bewohner der Landschaft Attika, in der Athen liegt, das Zentrum der kaiserzeitlichen griechischen Literatur. *Bildung*, griech. *paideía*, bezeichnet die umfassende Kenntnis von Literatur und Wissenschaft.

Latinität: Stilistisch anspruchsvolles Latein.

Wegweiser … Äsop: Der erstmals bei Herodot (Mitte 5. Jh. v. Chr.) als Fabelerzähler, der im 6. Jh. v. Chr. lebt, erwähnte Sklave galt als Begründer der Gattung; s. Einf. S. 9.

vom Orakelspruch des delphischen Apollo geraten: Darüber ist sonst nichts bekannt; laut Herodot (s. o.) und späteren Berichten über ihn ist er vielmehr Opfer eines Justizmordes der delphischen Priester. Das hat Avian hier vielleicht bewusst damit vermengt, dass das delphische Orakel Sokrates zum weisesten Mann erklärt haben soll (Platon, *Apologie* 21a).

amüsante Geschichten … zu verleihen: Nach antiker Definition ist die Fabel »eine fiktionale Erzählung, die eine Wahrheit abbildet« (Theon, *Progymnasmata* 1), d. h. aus der sich eine sittliche Lehre ableiten lässt.

Sokrates: Es wird lediglich berichtet, der Philosoph (469–399 v. Chr.), der ja keine Schriften verfasste, habe vor seiner Hinrichtung im Kerker äsopische Fabeln in Verse umgesetzt (Platon, *Phaidon* 60 C-D).

Flaccus: Der römische Dichter Q. Horatius Flaccus (65–8 v. Chr.), der in seine Satiren und Episteln Fabeln einlegte, von denen seine Version von ›Stadtmaus und Landmaus‹ besonders bekannt ist (Satire 2,6,79–117).

Babrios: Von den zwei Büchern seiner im späten 2. oder im 3. Jh. n. Chr. in Hinkjamben verfassten Fabeln (›Mythjamben‹)‹ sind das erste Buch und die erste Hälfte des zweiten Buches sowie wenige aus der zweiten Hälfte erhalten.

Phaedrus: Er verfasste im späten 1. oder frühen 2. Jh. n. Chr. Fabeln in jambischen Senaren. Zur Überlieferung der fünf Bücher vgl. Einf. S. 24.

Von diesen: D. h. von den in der von Äsop begründeten Tradition verfassten Fabeln.

in kunstlosem Latein verfasst: s. Einf. S. 11.

wachsam: D. h. indem er sich vor Fehlhandlungen hütet.

1 Aes. 158; CFA 163; Babr. 16; Aphth. 39; ParaBodl 1 (223); Steinhöwel 1 (115); Sachs GD 3, Nr. 227, GD 5, Nr. 710 und KG 17, S. 465–468 = GD 2, Nr. 301; La Fontaine 4,16. [van Dijk 405]

6 *nahm … die Hoffnung:* D. h. der Hunger zwang ihn, das Warten zu beenden.

12 *unbemerkt die Flucht ergriff:* Offenbar deutet der Wolf an, dass er, von der Entdeckung bedroht, sein Warten abbrechen musste; vgl. dagegen V. 6.

2 Aes. 230; CFA 259; Phaedr. 2,6; Babr. 115; Romul. 1,14 (= 17 Thiele); Tetr. 1,40; Steinhöwel 2 (116). [van Dijk 571]

2 *sie nach einem Flug:* Wörtlich: ›sie als Geflügelte, sie als Fliegende‹. Sie wünscht also, dass ein Vogel sie in die Luft erhebt, was dann der Adler durchführt.

3 *aus dem roten Sand:* D. h. dem Sand des Roten Meeres, zu dem auch der Arabische, Persische und Indische Golf gerechnet wurden. Die Perlen wären der ›Fahrpreis‹ für den Flug.

12 *dies:* der Flug mit dem Adler.

13 *danach:* nach dem Flug mit dem Adler.

3 Babr. 109; Aphth. 11; Tetr. 1,34; ParaBodl 91 (151); Steinhöwel 3 (117); Sachs GD 3, Nr. 224; La Fontaine 12,10. [van Dijk 592]

4 Aes. 46; CFA 46; Sophokles, Fragment 4 West; Demetrios von Phaleron, Fragment 120 Wehrli; Plutarch, *Ehevorschriften* 139 D; Babr. 18; Athenaios 13,82, 604 D-F; Themistios, Reden 16, 208 A; Tetr. 1,47; Synt. 55; ParaBodl 17 (73); La Fontaine 6,3. [van Dijk 392]

1 *Boreas:* Der Nordwind.

Phöbus: Der Sonnengott.

3 *über den mittleren Kreis:* D. h. über die Erde, welche die antike Vorstellung in die Mitte der Welt setzte.

9 *Der:* Der Wanderer.

15 *Titan:* Der Sonnengott als Sohn des Titanen Hyperion.

5 Aes. 188; CFA 199; Babr. 139; Aphth. 10; Themistios, *Rede* 21, 245 B; Tetr. 1,19; 2,23; ParaBodl 99 (279); Steinhöwel 4 (118); Sachs GD 1, Nr. 21 und GD 4, Nr. 566; La Fontaine 5,21. [van Dijk 41]

5 *gätulisch:* Die Gätuler waren ein Nomadenstamm Nordafrikas.

6 CFA 287; Babr. 120; Aphth. 24; Tetr. 2,29; ParaBodl 113 (69); Steinhöwel 5 (119); Sachs KG 5, S. 86–88 = GD 1, Nr. 149, GD 5, Nr. 764 und KG 23, S. 441 = GD 2 Nr. 382. [van Dijk 54]

7 *der päonische Meister:* Päon (griech. Paiëon) ist in Homers *Ilias* der Arzt der Götter.

7 Babr. 104; ParaBodl 71 (186); Steinhöwel 6 (120). [van Dijk 718]

12 *die ihm gleiche Schar:* D. h. die anderen Hunde.

8 Aes. 117; CFA 119; Lukian, *Ikaromenippos* 10; Aphth. 15; Tetr. 1,13; Synt. 59; ParaBodl 104 (146); Steinhöwel 7 (121); Sachs GD 4, Nr. 333 und KG 22, S. 361 = GD 1, Nr. 87. [van Dijk 479]

3 *Rücklauf … Rad:* Das Rad der Schicksalsgöttin Fortuna symbolisierte in Antike und Mittelalter den Wechsel von Glück und Unglück im Leben des Menschen.

9 Aes. 65; CFA 66; Steinhöwel 8 (122); Sachs GD 3, Nr. 8 und KG 9, S. 176 = GD 2, Nr. 222; La Fontaine 5,20; vgl. Phaedr. 5,2. [van Dijk 262]

10 CFA 282; ParaBodl 141 (343); Brant 45. [van Dijk 223]

3 *Campus:* Das Marsfeld in Rom, auf dem u. a. Sport getrieben wurde.

5 *Boreas:* Zu 4,1.

12 *die gleichaltrigen:* D. h. die mit dem Kopf gleichaltrigen, also echten Haare.

11 Aes. 378; ParaBodl 147 (354); Steinhöwel 9 (123); Sachs GD 3, Nr. 228 und KG 9, S. 200 = GD 2, Nr. 228; La Fontaine 5,2. [van Dijk 1553]

12 Aes. 61; CFA 61. [van Dijk 843]

5 *Tellus:* Die Erde als Göttin.

13 Aes. 217; CFA 242; Babr. 91; Ps.-Dosith. 14; Romul. 4,16 (= 90 Thiele); Tetr. 1,32; Synt. 40; ParaBodl 72 (332); Steinhöwel 10 (124); Sachs GD 3, Nr. 9. [van Dijk 439]

3 *der Struppige:* Der Bock.

4 *kinyphische Herde:* Am Fluss Kinyps in Libyen weideten besonders schöne langhaarige Ziegen.

11 *der:* Der Löwe.

14 Babr. 56; Steinhöwel 11 (125). [van Dijk 73]

4 *die mit dem Menschen verbundenen Tiere:* Die Haustiere.

15 CFA 249; Babr. 65; ParaBodl 47 (333); Steinhöwel 12 (126); Sachs GD 3, Nr. 81. [van Dijk 598]

1 *Der thrakische Vogel:* Der Kranich, der in Thrakien besonders häufig vorkam. *der Vogel der Juno*: Der Pfau. Er trägt die 100 Augen des von Juno als Wächter der Io eingesetzten und von Merkur getöteten Argus im Gefieder.

7 *entfaltete*: D. h. zum Fächer formte.

16 Aes. 70; CFA 71; Lukian, *Griechische Anthologie* 10,122,5f.; Babr. 36; Aphth. 36; Tetr. 1,45; ParaBodl 29 (fehlt bei Chambry); La Fontaine 1,22. [van Dijk 1376]

2 *Notus:* Der Südwind (griech.).

15 *Auster:* Der Südwind (lat.).

17 CFA 281; Babr. 1; Tetr. 1,20; ParaBodl 11 (338); Steinhöwel 13 (127); Sachs GD 3, Nr. 200. [van Dijk 55]

3 *der kühne Tiger:* Avian 17 ist die einzige aus der Antike erhaltene Fabel, in der dieses Tier als Protagonist auftritt.

5 *der:* Der Jäger.

18 Babr. 44; Themistios, *Reden* 278 C–279 A; Aphth. 16; Tetr. 1,11; Synt. 13; ParaBodl 36 (71); Steinhöwel 14 (128); Sachs GD 4, Nr. 349 und KG 17, S. 469 = GD 2, Nr. 302. [van Dijk 1554]

19 CFA 263; Babr. 64; ParaBodl 48 (101); Steinhöwel 15 (129). [van Dijk 416]

4 *sie:* Die beiden Kontrahenten.

20 Aes. 18; CFA 18; Babr. 6; Steinhöwel 16 (130); Sachs GD 3, Nr. 210 und GD 6, Nr. 961; La Fontaine 5,3. [van Dijk 36]

4 *Köder*: Hier ist *vulnus* (›Wunde‹) im Sinne von ›verwundende Waffe‹ gebraucht.

21 Gellius, *Attische Nächte* 2,29,3–16 (nach Ennius, *Satiren*); Babr. 88; Brant 16; Sachs GD 2, Nr. 358; La Fontaine 4,22. [van Dijk 535]

1 *Ein winziger Vogel:* Bei Gellius und Babrios ist es eine Haubenlerche.

22 Steinhöwel 17 (131); Sachs KG 5, S. 98 = GD 1, Nr. 23, GD 3, Nr. 202 und GD 5, Nr. 783. [van Dijk 96]

5 *Titan:* Zu 4,15.

9 *Die Leber:* Sie galt in der Antike als Sitz der Begierden

23 Babr. 30. [van Dijk 1045]

1 *Bacchus:* Der Weingott (griech. Dionysos) erscheint im 2. und 3. Jh. n. Chr. nicht selten auf Abbildungen im Zusammenhang mit dem Totenkult, z. B. als Statue oder auf Sarkophagen.

7 *er:* Bacchus, der zu dem Händler spricht. Bei Babrios erscheint er diesem im Traum, nachdem der Verkauf am Abend zuvor noch nicht zustande gekommen ist.

24 Aes. 284; CFA 264; Aphth. 34; Ps.-Dosith. 15; Romul. 4,17 (= 91 Thiele). [van Dijk 1237]

6 *im Schoß eines Mannes:* Wahrscheinlich hat man sich eine bildliche Darstellung der Bezwingung des Nemëischen Löwen durch Herkules vorzustellen.

Auf der Darstellung durch Pieter Paul Rubens liegt der Kopf des Tiers, um das der Held die Arme schlingt, auf dessen Schoß.

7 *er:* der Jäger.

25 Steinhöwel 18 (132). [van Dijk 411]

7 *die ruchlose Hand:* Die des Diebs.

26 Aes. 157; CFA 162; Tetr. 2,8; Synt. 44; Steinhöwel 19 (133). [van Dijk 1044]

27 *Anthologia Graeca* 9,272 (Bianor); Ps.-Dosith. 8; Romul. 4,13 (= 87 Thiele); Steinhöwel 20 (134); Sachs GD 3, Nr. 221. [van Dijk 620]

9 *Die hier:* Diese Fabel.

28 Steinhöwel 21 (135); Sachs GD 3, Nr. 211. [van Dijk 1423]

29 Aes. 35; CFA 35; Anaximenes 13 B1 Diels/Kranz; Aristoteles, *Problemata* 34,7, 964a10–18; Plutarch, *Die erste Kälte* 947 F; Sextus Empiricus 8,103; Steinhöwel 22 (136); Sachs GD 3, Nr. 7, GD 6, Nr. 962 und KG 9, S. 180 = GD 2, Nr. 223. [van Dijk 1279]

6 *Satyr:* Satyrn sind ausgelassene, lüsterne und koboldartige männliche Wesen in Menschengestalt und mit Pferdeschwanz und -ohren, oft auch Pferdehufen.

8 *Kraft:* Hier fast im Sinne von Zauberkraft, wie man aus der Reaktion des Satyrs auf die beiden folgenden Handlungen des Menschen schließen kann.

30 [van Dijk 380]

3 *in Erinnerung daran:* Das Ohr galt als Sitz des Gedächtnisses.

8 *machte es ungeeignet:* Dazu, die Saat aufzuwühlen.

14 *dumm … gehabt:* Das Herz galt als Sitz der Intelligenz.

31 Babr. 112; Steinhöwel 23 (137). [van Dijk 445]

11 *die kleinen Monster:* Man hat *rostris* (Mäuler) konjiziert, aber hier wird offensichtlich darauf angespielt, dass Vergil in den *Georgica* bei der Aufzählung der Schädlinge auf der Tenne, zu denen er auch die Maus zählt, alle als *monstra* bezeichnet (1,185).

32 Babr. 20; La Fontaine 6,18. [van Dijk 588]

5 *der tirynthische Herrscher:* Herkules nach Tiryns in der Argolis, dem Geburtsort seiner Mutter Alkmene.

33 Aes. 87; CFA 89; Babr. 123; Tetr. 1,37; Synt. 27; ParaBodl 1:2 (287); Steinhöwel 24 (138); Brant 64; Sachs GD 3, Nr. 80, La Fontaine 5,13. [van Dijk 1070]

5 *Natur*: Hier als Gottheit personifiziert.

9 *durch den nackten Unterleib:* Vielleicht steht ›nackt‹ für ›gerupft‹.

34 CFA 114 Ib; Babr. 140; Ps.-Dosith. 17; Aphth. 1; Romul. 4,19 (= 95 Thiele); Tetr. 1,6; 2,25; Synt. 43; ParaBodl 146 (336); Steinhöwel 77; Sachs KG 5,78 = GD 1, Nr. 47 und GD 3 Nr. 64; La Fontaine 1,1. [van Dijk 83]

11 *Die Entfärbte:* Die Zikade, die durch Kälte und Hunger ihre Farbe verloren hat und bleich geworden ist.

13 *Auch sie ...:* Sie will sagen; dass sie als Sängerin ebenfalls gearbeitet habe.

16 *denn sie pflegen ...:* D. h. beide, Ameise und Zikade, leben von Jahr zu Jahr weiter, sterben also nicht im Winter.

35 Aes. 218; CFA 243; Babr. 35; Oppian, *Über die Jagd* 2,605–611; ParaBodl 30 (307); Steinhöwel 25 (139). [van Dijk 939]

36 Babr. 37; ParaBodl 24 (92). [van Dijk 468]

1 *am Nacken unberührt:* S. Einf. S. 17f.

37 CFA 294; Phaedr. 3,7; Babr. 100; Romul. 3,15 (= 65 Thiele); Tetr. 1,3; Steinhöwel 55; Sachs GD 4,410; La Fontaine 1,5. [van Dijk 710]

5 *nach Untätigkeit:* D. h. ›ohne vorher etwas geleistet zu haben, ausgeruht‹.

38 [van Dijk 579]

5 *Seefisch:* Die *phoecis* entspricht sehr wahrscheinlich der griechischen *phykís*, einem im Seetang lebenden Fisch. Da er nicht zweifelsfrei bestimmbar ist und es in der Fabel um den Gegensatz Flussfisch/Seefisch geht, wurde diese Übersetzung gewählt.

39 [van Dijk 1539]

40 Aes. 12; CFA 12; Plutarch, *Gastmahl der Sieben Weisen* 155 B und *Sind die Leiden der Seele oder des Körpers schlimmer?* 500C; Tetr. 2,16; ParaBodl 132 (37); Brant 84; La Fontaine 9,3. [van Dyck 958]

41 Aes. 368; CFA 280; ParaBodl 124 (320); Steinhöwel 26 (140); Sachs GD 5, Nr. 784. [van Dijk 1134]

42 Aes. 261; CFA 168; Babr. 132; Steinhöwel 27 (141). [van Dijk 1218]

Romulus

Die Fabeln des Codex Wissemburgensis sind nach Hervieux (S. 232) gezählt. In Klammern ist die Nummer bei Thiele angegeben (so auch zu Wiss. und Adem.). Zu Steinhöwel erscheint die Nummer der Zählung in seiner Romulus-Handschrift und in Klammern seine fortlaufende Zählung.

Pr. R. s. Einf. S. 31f.

Pr. Ä. s. Einf. S. 25. Rufus (›rot, rotblond‹), der Name des Adressaten, könnte als Entsprechung zu Xanthos (griech. ›gelb, goldblond‹) gemeint sein und darauf anspielen, dass Äsop in der fiktionalen Vita längere Zeit einem Philosophen namens Xanthos dient. Zu ihm würde passen, was ›Äsop‹ hier an Rufus schreibt.

1,1 (1) Phaedr. 3,12; Wiss. 5,7 (1); Steinhöwel 1,1 (1); Luther 1; Sachs GD 4, Nr. 376; Waldis 1,1; La Fontaine 1,20. [van Dijk 527]
Epim. *über sich selbst:* D. h. über die (durch ihn personifizierte) Gattung Fabel als eine Sorte von Text, dessen versteckte Aussage nur der erkennt, der mit den Gattungsgesetzen vertraut ist.

1,2 (3) Aes. 155; CFA 160; Phaedr. 1,1; Babr. 89; Ps.-Dosith. 12; Wiss. 1,1 (3); Boner 7; Steinhöwel 1,2 (2); Luther 2; Sachs GD 1, Nr. 14 und GD 4, Nr. 331; Waldis 1,2; La Fontaine 1,10. [van Dijk 1221]

1,3 (4) *Leben Äsops* 133; CGA 302; Wiss. 1,3 (4); Boner 3; Adem. 4 (4); Steinhöwel 1,3 (3); Luther 3; Sachs KG 5, S. 84 = GD 1, Nr. 3 und GD 4, Nr. 329; La Fontaine 4,11. [van Dijk 615]

1,4 (5) Phaedr. 1,17; Wiss. 1,2 (5) Boner 4; Steinhöwel 1,4 (4); Luther 4. [van Dijk 743]

1,5 (6) Aes. 133; CFA 136; Phaedr. 1,4; Babr. 79; Ps.-Dosith. 11; Wiss. 1,6 (6); Adem. 7 (6); Boner 5; Steinhöwel 1,5 (5); Luther 5; Waldis 1,4; La Fontaine 6,17. [van Dijk 723]

1,6 (8) Aes. 149; CFA 154; Phaedr. 1,5; Babr. 67; Wiss. 1,7 (8); Adem. 9 (8); Boner 89; Steinhöwel 1,6 (6); Luther 6; Sachs GD 3, Nr. 205 und GD 6, Nr. 959; La Fontaine 1,6. [van Dijk 586]

1,7 (10) Phaedr. 1,6; Babr. 24; Wiss. 1,8 (10); Boner 9; Steinhöwel 1,7 (7); Luther 8; Sachs GD 4, Nr. 545; Waldis 3,51; La Fontaine 6,12. [van Dijk 1028]
Sol: Der Sonnengott.

1,8 (11) Aes. 156; CFA 161; Phaedr. 1,8; Babr. 94; Wiss. 1,9 (11); Adem. 64 (11); Boner 10; Steinhöwel 1,8 (8); Luther 9; Sachs GD 2, Nr. 297 und GD 4, Nr. 332; Waldis 1,6; La Fontaine 3,9. [van Dijk 597]

1,9 (12) Phaedr. 1,19; Justin, *Weltgeschichte* 43,4,4f.; P. Köln 2.64 in: B. Kramer/D. Hagedorn, Kölner Papyri. Bd. 2. Opladen 1978, 56–61; Wiss. 1,10 (12); Steinhöwel 1,9 (9); Luther 10; Sachs, GD 4, Nr. 429; La Fontaine 2,7. [van Dijk 364]

1,10 (13) Aes. 176; CFA 186; Phaedr. 4,20; Babr. 143; Wiss. 4,2 (13); Boner 11; Steinhöwel 1,10 (10); Waldis 1,7; La Fontaine 6,13. [van Dijk 855]

1,11 (14) Phaedr. 1,29; Wiss. 1,11 (14); Steinhöwel 1,11 (11); Luther 11. [van Dijk 115]
2 *mein Bruder:* Höflicher Gruß unter gleichrangigen Männern, aber auch vertrauliche Bezeichnung für jemanden, der in einer mann-männlichen Beziehung den passiven Sexualpart innehat. Dadurch muss der für Stärke und Virilität stehende Eber sich beleidigt fühlen.

1,12 (15) Horaz, *Satiren* 2,6,79–117; Babr. 108; Ps.-Dosith. 16; Wiss. 2,1 (15); Adem. 13 (15); Steinhöwel 1,12 (12); Luther 12; Sachs GD 3, Nr. 206 und KG 9, S. 144 = GD 2, Nr. 204; Waldis 1,9; La Fontaine 1,9. [van Dijk 876]

1,13 (16) Archilochos, Fragmente 174–181 West; Aristophanes, *Vögel* 652f.; Aes. 1; CFA 1; Phaedr. 1,28; Wiss. 2,2 (16); Boner 14; Steinhöwel 1,13 (13); Sachs GD 2, Nr. 229, GD 4, Nr. 317 und GD 4, Nr. 377; Waldis 1,59. [van Dijk 797]

1,14 (17) Aes. 230; CFA 259; Phaedr. 2,6; Babr. 115; Avian 2; Wiss. 2,5 (17); Boner 15; 64; Steinhöwel 1,14 (14); Waldis 1,10. [van Dijk 571]

1,15 (19) Aes. 124; CFA 126; Horaz, *Satiren* 2,5,56; Phaedr. 1,13; Apuleius, *Über den Gott des Sokrates*, Prolog 6; Babr. 77; Ps.-Dosith. 9; Wiss. 2,7 (19); Adem. 15 (19); Steinhöwel 1,15 (15); Luther 13; Waldis 1,11; La Fontaine 1,2. [van Dijk 616]

1,16 (20) Phaedr. 1,21; Wiss. 2,8 (20); Boner 16; Steinhöwel 1,16 (16); Sachs GD 4, Nr. 513 und 557; Waldis 1,12; La Fontaine 3,14. [van Dijk 117]

1,17 (21) Aes. 91; CFA 93; Babr. 129; Galen, *Gegen Julian* 8; Wiss. 2,10 (21); Steinhöwel 1,17 (17); Sachs GD 3, Nr. 199. [van Dijk 175]

1,18 (22) Aes. 150; CFA 155; Babr. 107; Ps.-Dosith. 2; Wiss. 2,11 (22); Adem. 18 (22); Steinhöwel 1,18 (18); Sachs GD 3, Nr. 218. [van Dijk 1166]

1,19 (23) CFA 288; Babr. 78; Boner 19; Steinhöwel 1,19 (19). [van Dijk 1060]

1,20 (24) Aes. 39; CFA 39; Papyrus Michigan 457; Boner 20; Steinhöwel 1,20 (20); Sachs GD 4, Nr. 416 und 514; La Fontaine 1,8. [van Dijk 359]

Prol. Der Text basiert auf Phaedrus, Prolog zu Buch 2.

2,1 (27) Aes. 44; CFA 44; Phaedr. 1,2; Wiss. 3,7 (27); Adem. 21 (27); Boner 21–22; Steinhöwel 2,1 (21); Sachs GD 2, Nr. 236 und GD 3, Nr. 32; Waldis 1,17; Cervantes, *Don Quijote* 2,51; La Fontaine 3,4. [van Dijk 821]

7 *nicht dass jener grausam war:* Es dürfte ein Tyrann gemeint sein.

2,2 (28) Phaedr. 1,31; Wiss. 3,8 (28); Adem. 22 (28); Boner 23; Steinhöwel 2,2 (22); Waldis 1,18; La Fontaine 7,8. [van Dijk 770]

2,3 (29) Phaedr. 1,23; Wiss. 3,9 (29); Adem. 23 (29); Steinhöwel 2,3 (23); Sachs GD 2, Nr. 345 und GD 4, Nr. 427. [van Dijk 755]

2,4 (30) Phaedr. App. 19; Wiss. 4,4 (30); Steinhöwel 2,4 (24). [van Dijk 1520]

2,5 (31) Phaedr. 4,24; Wiss. 4,5 und 14 (31); Boner 30; Steinhöwel 2,5 (25); Sachs GD 3, Nr. 204; Waldis 1,21; La Fontaine 5,10. [van Dijk 1355]

1 *Ein Berg kreißte:* Die Fabel ist aus Horaz, *Ars poetica* 139 *parturient montes, nascetur ridiculus mus* (Berge werden kreißen, geboren werden wird eine lächerliche Maus) entwickelt. Der Vers wurde offenbar schon früh sprichwörtlich.

2,6 (32) Phaedr. 3,15; Boner 31; Steinhöwel 2,6 (26). [van Dijk 759]

2,7 (33) Phaedr. 5,10; Wiss. 5,1 (33); Boner 32; Steinhöwel 2,7 (27); Sachs GD 2, Nr. 237 und GD 3, Nr. 196; Waldis 1,22. [van Dijk 1164]

2,8 (35) Aes. 138; CFA 143; Babr. 25; Wiss. 1,4 (35); Steinhöwel 2,8 (28); Sachs, GD 1, Nr. 20 und GD 3, Nr. 15; La Fontaine 2,14. [van Dijk 1029]

2,9 (36) Wiss. 1,5 (36); Steinhöwel 2,9 (29). [van Dijk 1040]

2,10 (39) Aes. 51; CFA 51; Wiss. 1,12 (39); Steinhöwel 2,10 (30). [van Dijk 854]

2,11 (40) Phaedr. 1,16; Wiss. 1,13 (40); Steinhöwel 2,11 (31). [van Dijk 652]

7 *Du stampfst mit dem Huf das Feld:* Anspielung auf einen wegen der Lautmalerei berühmten Vergil-Vers (*Aeneis* 8,596): *quadrupedante putrem sonitu quatit ungula campum* (Hufe stampfen im Takt des Galopps das lockere Erdreich).

2,12 (42) Phaedr. 5,3; Wiss. 1,14 (42); Boner 36; Steinhöwel 2,12 (32); Sachs GD 4, Nr. 409. [van Dijk 225]

2,13 (43) Plutarch, *Tischreden* 614 E–615 A; Phaedr. 1,26; Wiss. 2,3 (43); Steinhöwel 2,13 (33); Sachs GD 4, Nr. 363; Waldis 1,27; La Fontaine 1,18. [van Dijk 596]

2,14 (44) Aes. 27; CFA 27; Phaedr. 1,7; Wiss. 3,6 (44); Boner 37; Steinhöwel 2,14 (34); Brant 91; Sachs GD 4, Nr. 282; Waldis 1,28; La Fontaine 4,14. [van Dijk 989]

1 *einen Tragöden*: Offenbar bedeutete für den Autor *persona* nicht (mehr) ›Maske eines Schauspielers‹, sondern ›Person.‹

2,15 (45) Aes. 101; CFA 103; Aes. 123; CFA 125; Aes. 129; CFA 131; Horaz, *Briefe* 1,3,18f; Phaedr. 1,3; Wiss. 2,4 (45) Adem. 26 (45); Boner 33; Steinhöwel 2,15 (35); Sachs GD 4, Nr. 439; Waldis 1,29; La Fontaine 4,9. [van Dijk 1416; vgl. 356]

2,16 (46) Phaedr. 4,25; Boner 33; Steinhöwel 2,17 (37); Sachs GD 3, Nr. 214, KG 22, S. 330 = GD 2, Nr. 387, KG 9, S. 148 = GD 2, Nr. 205 und KG 17, S. 475 = GD 2, Nr. 300; Waldis 1,30; La Fontaine 4,3. [van Dijk 86]

2,17 (47) Phaedr. 3,6; Wiss. 2,6 (47); Steinhöwel 2,16 (36); La Fontaine 7,9. [van Dijk 918]

2,18 (48) Phaedr. 1,10; Adem. 28 (48); Steinhöwel 2,18 (38); Sachs GD 4, Nr. 527; La Fontaine 2,3. [van Dijk 974]

2,19 (49) Phaedr. 1,22; Babr. 27; Wiss. 2,9 (49) Adem. 29 (49); Boner 41; Steinhöwel 2,19 (39). [van Dijk 1267]

2,20 (50) Aes. 268; CFA 237; Horaz, *Satiren* 2,3,314–320; Phaedr. 1,24; Babr. 28; Adem. 33 (50); Boner 42; Steinhöwel 2,20 (40); Sachs GD 3, Nr. 213; Waldis 1,31; La Fontaine 1,3. [van Dijk 544]

3,1 (51) Ailianos, *Tierleben* 7,48; Gellius, *Attische Nächte* 5,14; Wiss. 3,1 (51); Boner 43; Adem. 35 (51); Steinhöwel 3,1 (41); Sachs GD 4, Nr. 314. [van Dijk 37]
12 *nach draußen:* D. h. vom Käfig in die Arena.

3,2 (52) Aes. 187; CFA 198; Babr. 122; Wiss. 3,2 (52); Steinhöwel 3,2 (42); La Fontaine 5,8. [van Dijk 196]

3,3 (53) CFA 272; Wiss. 3,3 (53); Adem. 37 (53); Steinhöwel 3,3 (43); Sachs GD 4, Nr. 362, GD 5, Nr. 676 und KG 17, S. 472 = GD 2, Nr. 299. [van Dijk 165]

3,4 (54) Adem. 38 (54); Steinhöwel 3,4 (44); Sachs GD 3, Nr. 229. [van Dijk 242]
11 *ihrer Federn beraubt:* Die Fledermaus rechnete man in der Antike zu den Vögeln. Hier liegt eine ätiologische Erzählung vor.

3,5 (55) Wiss. 3,4 (55); Steinhöwel 3,5 (45); Sachs GD 6, Anh. Nr. 552. [van Dijk 538]

3,6 (56) Wiss. 3,5 (56); Steinhöwel 3,6 (46); Sachs GD 4, Nr. 364. [van Dijk 1008]

3,7 (57) Aes. 74; CFA 76; Phaedr. 1,12; Babr. 43; Wiss. 3,10 (57); Steinhöwel 3,7 (47); Waldis 1,36; La Fontaine 6,9. [van Dijk 658]
4 *Molosser:* Hunde aus der Landschaft Molossis in der westlichen Peloponnes galten als besonders aggressiv.

3,8 (58) Plutarch, *Über die Neugier* 516 D; Phaedr. App. 11; Wiss. 3,11 (58); Steinhöwel 3,8 (48). [van Dijk 1111]
1 *lobte Juno die Keuschheit:* Die Göttin ist die Beschützerin der Ehe.

3,9 (59) Phaedr. App. 15; Petron, *Satyrische Geschichten* 111f.; *Leben Äsops* 129; Boner 50; Steinhöwel 3,9 (49). [van Dijk 1175]

3,10 (60) Phaedr. App. 29; Wiss. 4,1 (60); Steinhöwel 3,10 (50). [van Dijk 1458]

3,11 (61) Phaedr. App. 12; Wiss. 4,15 (61); Steinhöwel 3,11 (51). [van Dijk 1400]

3,12 (62) Aes. 93; CFA 95; Phaedr. 4,8; Wiss. 4,8 (62); Boner 12; Steinhöwel 3,12 (52); Waldis 1,37; Sachs GD 3, Nr. 203; La Fontaine 5,16. [van Dijk 882]

3,13 (63) Aes. 153; CFA 158; Plutarch, *Demosthenes* 856 E; *Leben Äsops* 97; Babr. 93; Wiss. 4,9 (63); Adem. 43 (63); Boner 79; Steinhöwel 3,13 (53). [van Dijk 752]

3,14 (64) Wiss. 4,10 (64); Steinhöwel 3,14 (54); Sachs GD 4, Nr. 218. [van Dijk 113]

3,15 (65) Aes. 183; CFA 194; Phaedr. 3,7; Babr. 100; Avian 37; Wiss. 4,7 (65); Steinhöwel 3,15 (55); Sachs GD 4, Nr. 410; Waldis 1,56; La Fontaine 1,5. [van Dijk 710]

3,16 (66) Aes. 130; CFA 132; Livius 2,32,9–12; Dionysios von Halikarnass, *Römische Altertumskunde* 6,86,1–3; Plutarch, *Coriolan* 6,3; Wiss. 4,11 (66); Steinhöwel 3,16 (56); La Fontaine 3,2. [van Dijk 1300]

3,17 (67) Phaedr. App. 1; Wiss. 4,12 (67); Steinhöwel 3,17 (57); Waldis 1,41. [van Dijk 968]

3,18 (68) Aes. 164; CFA 173; Phaedr. 4,1; Babr. 141; Wiss. 4,5 und 4,13 (68); Steinhöwel 3,18 (58). [van Dijk 189]

3,19 (69) Phaedr. 2,8; Wiss. 4,6 und 16 (69); Steinhöwel 3,19 (59); Waldis 1,42; La Fontaine 4,21. [van Dijk 660]
6 *mit dem Huf das Feld stampfen:* Vgl. zu 2,11.

3,20 (70) Phaedr. 4,14 (?); Wiss. 5,2 (70); Steinhöwel 3,20 (60); Sachs GD 3, Nr. 24. [van Dijk 67]

4,1 (71) Aes. 15; CFA 15; Phaedr. 4,3; Babr. 19; Wiss. 5,3 (71); Steinhöwel 4,1 (61); Sachs GD 3, Nr. 216; La Fontaine 3,11. [van Dijk 944]

4,2 (72) Aes. 79; CFA 81; Phaedr. 4,2; Babr. 17; Steinhöwel 4,2 (62); Sachs GD 4, Nr. 428; La Fontaine 3,18. [van Dijk 507]

4,3 (73) Aes. 22; CFA 22; Phaedr. App. 28; Babrios 50; Steinhöwel 4,3 (63); Sachs GD 1, Nr. 22, GD 3, Nr. 217 (verl.) und GD 5, Nr. 677. [van Dijk 1005]

4,4 (74) Phaedr. 3,18; Wiss. 5,4 (74); Steinhöwel 4,4 (64); Sachs GD 3, Nr. 219; La Fontaine 2,17. [van Dijk 1191]

1 *zu Juno:* Vgl. zu Avian 15,1.

die menschlichen Angelegenheiten kenne: Was damit gemeint sein könnte, ist unklar.

4,5 (75) Phaedr. 3,2; Wiss. 5,5 (75); Steinhöwel 4,5 (65); Sachs GD 3, Nr. 10. [van Dijk 1408]

1 *Ein Panther (sagte er), ...:* Äsop als Erzähler dürfte gemeint sein.

4,6 (76) Steinhöwel 4,6 (66); Sachs GD 3, Nr. 208. [van Dijk 453]

4,7 (77) Steinhöwel 4,7 (67); Sachs GD 4, Nr. 515, GD 5, Nr. 765 und KG 17, S. 453 = GD 2, Nr. 296. [van Dijk 297]

4,8 (78) Phaedr. 4,13 (?); Steinhöwel 4,8 (68); Sachs KG 9, S.172–176 und GD 3, Nr. 139. [van Dijk 1231]

21 *dir gleiche Affen:* Das Wortspiel *simii ... similes* kann man im Deutschen nicht nachahmen.

4,9 (79) Aes. 269; CFA 238; Aristoteles, *Rhetorik* 2,20 (1393b8–22); Horaz, *Briefe* 1,10,34–41; Phaedr. 4,4; Steinhöwel 4,9 (69); Sachs GD 4, Nr. 316; Waldis 1,45; La Fontaine 4,13. [van Dijk 1145]

4,10 (83) Aes. 151; CFA 156; Phaedr. 1,11; Steinhöwel 4,10 (70); Sachs GD 3, Nr. 43 und GD 4, Nr. 415; La Fontaine 2,19. [van Dijk 159]

4,11 (85) Ps.-Dosith. 5; Steinhöwel 4,11 (71). [van Dijk 501]

4,12 (86) Aes. 142; CFA 147; Lucilius 1074–1083 Krenkel; Horaz, *Briefe* 1,1,74–76; Quintilian, *Unterweisung für den Redner* 5,11,20; Babr. 103; Ps.-Dosith. 6; Steinhöwel 4,12 (72); Brant 77; Sachs GD 3, Nr. 209; La Fontaine 6,14. [van Dijk 57]

4,13 (87) *Anthologia Graeca* 9,272 (Bianor); Ps.-Dosith. 8; Avian 27. [van Dijk 620]

4,14 (88) Aes. 199; CFA 215; Ps.-Dosith. 10. [van Dijk 403]

4,15 (89) Ps.-Dosith. 13; Steinhöwel 4,13 (73); Sachs GD 3, Nr. 140. [van Dijk 197]

4,16 (90) Aes. 217; CFA 242; Babr. 91; Ps.-Dosith. 14; Avian 13; Steinhöwel 4,14 (74); Sachs GD 3, Nr. 9. [van Dijk 439]

4,17 (91) Aes. 284; CFA 264; Ps.-Dosith. 15; Avian 24; Steinhöwel 4,15 (75); Sachs GD 4, Nr. 580. [van Dijk 1237]

4,18 (92) Wiss. 4,3 (92); Adem. 60 (92); Steinhöwel 4,16 (76). [van Dijk 475]

4,19 (93) CFA 114 Ib; Babr. 140; Ps.-Dostith. 17; Avian 34; Steinhöwel 4,17 (77); Sachs KG 5,78 = GD 1, Nr. 47 und GD 3 Nr. 64; La Fontaine 1,1. [van Dijk 83]

4,20 (94) Steinhöwel 4,18 (78). [van Dijk 1533]

4,21 (95) Phaedr. App. 26; Steinhöwel 4,19 (79); Sachs GD 3, Nr. 220. [van Dijk 611]

Epilog Vgl. Einf. S. 32.

BIBLIOGRAPHIE

Bibliographien und Fabelverzeichnisse

Beschorner, A.: Bibliographie, in: Fabeln der Antike. Griechisch – Lateinisch – Deutsch. Hg. und übersetzt von H. C. Schnur. Überarbeitet von E. Keller, Düsseldorf/Zürich ³1997, 344–362.

Carnes, P.: Fable Scholarship: An Annotated Bibliography, New York/London 1985.

Dicke, G./K. Grubmüller: Die Fabeln des Mittelalters und der frühen Neuzeit. Ein Katalog der deutschen Versionen und ihrer lateinischen Entsprechungen, München 1987 (Münstersche Mittelalter-Schriften 60).

Dijk, G.-J. van: Aesopica Posteriora. Medieval and Modern Versions of Greek and Latin Fables. 2 Bde., Milano 2015.

Zur Gattung Fabel in der Antike

Adrados, F. R.: History of the Graeco-Latin Fable. I: Introduction and from the Origins to the Hellenistic Age; II: The Fable During the Roman Empire and in the Middle Ages; III: Inventory and Documentation of the Graeco-Latin Fable, Leiden/Boston/Köln 1999, 2000 und 2003 (Mnemosyne Supplementum 201. 207. 236).

Dijk, G.-J. van: ΑΙΝΟΙ, ΛΟΓΟΙ, ΜΥΘΟΙ. Fables in Archaic, Classical and Hellenistic Greek Literature. With a Study of the Theory and Terminology of the Genre, Leiden/New York/ Köln 1997 (Mnemosyne Supplementum 166).

Holzberg, N.: Die antike Fabel. Eine Einführung, Darmstadt ²2001 (³2012) = The Ancient Fable: An Introduction. Translated by C. Jackson-Holzberg, Bloomington/Indianapolis 2002.

Nøjgaard, M.: La fable antique. I: La fable grecque avant Phèdre; II: Les grands fabulistes, København 1964–1967.

Avian: Ausgaben, Übersetzungen, Kommentar, Konkordanz

Guaglianone, A.: Aviani Fabulae, Torino 1958 (Corpus Scriptorum Latinorum Paravianum).

Cascón Dorado, A.: Fedro. Fábulas. Aviano. Fábulas. Fábulas de Romulo. Introducciones, traducción y notas, Madrid 2005 (Biblioteca Clásica Gredos 343).
Duff, J. W./A. M. Duff: Minor Latin Poets. With an English Translation, Bd. 2, Cambridge, Mass./London 1934 (Loeb Classical Library 434) [667–749: Avianus]
Gaide, F.: Avianus, Fables. Texte établi et traduit, Paris 1980 (Collections des Universités de France).
Irmscher, J.: Antike Fabeln. Griechische Anfänge. Äsop. Fabeln in römischer Literatur. Phaedrus. Babrios. Romulus. Avian. Ignatios Diakonos. Aus dem Griechischen und Lateinischen übersetzt, Berlin/Weimar 1978; Nachdruck Köln 2011.
Solimano, G.: Favole di Fedro e Aviano, Torino 2005 (Classici Latini).

Ellis, R.: The Fables of Avianus. Edited, with Prolegomena, Critical Apparatus, Commentary, Excursus, and Index, Oxford 1887; Nachdruck Hildesheim, 1966.

De Paulis, G.: Aviani index et lexicon, Hildesheim 1997 (Alpha-Omega. Reihe A 184).

Avian: Untersuchungen

Fiocchi, L.: La tartaruga volante in Babrio e in Aviano, Giornale italiano di filologia 13, 1982, 253–266.
Gaide, F.: Avianus, ses ambitions, ses résultats, in: G. Catanzaro/F. Santucci (Hgg.): La favolistica latina in distici elegiaci: Atti del Convegno Internazionale, Assisi, 26–28 ottobre 1990, Assisi 1991, 45–61.
Guaglianone. A.: Gli 'Epimythia' di Aviano, Atti dell'Accademia Pontaniana n. s. 5, 1956, 353–377.
Küppers, J.: Die Fabeln Avians. Studien zur Darstellung und Erzählweise spätantiker Fabeldichtung, Bonn 1977 (Habelts Dissertationsdrucke. Reihe Klassische Philologie 26).
– Zu Eigenart und Rezeptionsgeschichte der antiken Fabeldichtung, in: E. Könsgen (Hg.): Arbor amoena comis. 25 Jahre Mittellateinisches Seminar in Bonn. 1965–1990, Stuttgart 1990, 23–33.
Luzzatto, M. J.: Note su Aviano e sulle raccolte esopiche greco-latine, Prometheus 10, 1984, 75–94.
Marinone, N.: Babrio 30 e Aviano 23, Sileno 11: Studi in onore di A. Barigazzi II, 1985, 25–32.
Menna, F.: La ricerca dell'adiuvante: sulla favoletta esopica dell'allodola (Enn. Sat. 21–58 Vahl.[2]; Babr. 88; Avian. 21), Materiali e discussioni per l'analisi dei testi classici 10/11, 1983, 105–132.

Pillola, M. P.: Reminiscenze e aggettivazone allusiva in due favole di Aviano, in: Catanzaro/Santucci (wie Gaide), 215–223.

Scanzo, R.: Aviano: i suoi modelli, le sue fonti, Maia 53, 2001, 51–61.

– Le fonti classiche di Aviano, Firenze 2001.

– Arguzia e *lusus* nelle *fabulae* di Aviano: una nuova proposta di interpretazione, Maia 54, 2002, 71–80.

Uden, J.: The Failure of Fable: Art and Law in Avianus, in: H. Harich-Schwarzbauer/P. Schierl (Hgg.): Lateinische Poesie der Spätantike. Internationale Tagung in Castelen bei Augst, 11.–13. Oktober 2007, Basel 2009 (Schweizerische Beiträge zur Altertumswissenschaft 36), 109–127.

Avian: Rezeption

Baldzuhn, M.: Avian, in: Die deutsche Literatur des Mittelalters. Verfasserlexikon 11, 2000, 195–203.

Bisanti, A.: Le favole di Aviano e la loro fortuna nel Medioevo, Firenze 2010 (Millennio medievale 85. Strumenti e stui 25).

Grubmüller, K.: Meister Esopus. Untersuchungen zu Geschichte und Funktion der Fabel im Mittelalter, Zürch/München 1977 (Münchener Texte und Untersuchungen zur deutschen Literatur des Mittelalters 56).

Mordeglia, C.: Le favole di Aviano e il *Novus Avianus* di Venezia, Genova 2012.

Wright, A. T.: *Iste auctor ab aliis differt*. Avianus and His Medieval Readers, in: W. Harms/C. S. Jaeger (Hgg.): Fremdes wahrnehmen – fremdes Wahrnehmen, Stuttgart/Leipzig 1997, 9–19.

Romulus: Ausgaben, Übersetzungen

Österley, H.: Romulus. Die Paraphrasen des Phaedrus und die aesopische Fabel im Mittelalter, Berlin 1870.

Hervieux, L.: Les fabulistes latins. Depuis le siècle d'Auguste jusqu'à la fin du moyen âge. II: Phèdre et ses ancients imitateurs directs et indirects, Paris ²1894; Nachdruck Hildesheim [et al.] 1970.

Thiele, G.: Der Lateinische Äsop des Romulus und die Prosa-Fassungen des Phädrus, Heidelberg 1910; Nachdruck Hildesheim [et al.] 1985.

Cascón Dorado *s. Avian: Ausgaben usw.*

Irmscher *s. Avian: Ausgaben usw.*

Romulus: Überlieferung und Rezeption

Bertini, F.: Il monaco Ademaro e la sua raccolta di favole fedriane, Genova 1975.
– /P. Gatti (Hgg.): Ademaro di Chabannes, Favole, Genova 1988 (Favolisti latini medievali 3).
Dicke, G.: Heinrich Steinhöwels ›Esopus‹ und seine Fortsetzer. Untersuchungen zu einem Bucherfolg der Frühdruckzeit, Tübingen 1994 (Münchener Texte und Untersuchungen zur deutschen Literatur des Mittelalters 103).
– Äsop, in: Die deutsche Literatur des Mittelalters. Verfasserlexikon 11, 2000, 141–165.
Dithmar, R.: Martin Luthers Fabeln und Sprichwörter. Mit Einleitung und Kommentar herausgegeben, Darmstadt [2]1995.
Grubmüller: *s. Avian: Rezeption.*
Henderson, J.: Phaedrus' *Fables*: The Original Corpus, Mnemosyne 52, 1999, 308–329.
Holzberg, N.: *Im Esopo ich lase* ... Hans Sachs und der *Esopus* von Steinhöwel, Brant und Adelphus Muling, Göttingen 2019.
Huber, G.: Das Motiv der Witwe von Ephesus in lateinischen Texten der Antike und des Mittelalters, Tübingen 1990 (Mannheimer Beiträge zur Sprach- und Literaturwissenschaft 18).
Klein, T. A.-P.: Der *Novus Esopus* des Alexander Neckam in der Tradition der spätantiken Phaedrus-Paraphrase *Romulus*, Maia 52, 2000, 127–151.
Vámos, H.: Phaedrus and the Medieval Tradition, Acta Antiqua Academiae Scientiarum Hungaricae 52, 2012, 173–189.
– The Medieval Tradition of the Fables of Romulus, Graeco-Latina Brunensia 18, 2013, 185–197.
Vannini, G.: Petronii Arbitri *Satyricon* 100–115. Edizione critica e commento, Berlin 2010 (Beiträge zur Altertumskunde 281) [23–38: La novella della matrona di Efeso].
Zago, G.: Intorno alla genesi e alla tradizione manoscritta del Romulus, Medievo e Rinascimento 30, n. s. 27, 2016, 1–35.
– Phaedrus. Fabulae Aesopiae, Berlin/Boston 2020 (Bibliotheca Scriptorum Graecorum et Romanorum Teubneriana) [XXVI–XXXV zur Romulus-Überlieferung].

FABELINDEX